VOL. 33

Dados Internacionais de Catalogação na Publicação (CIP)
(Câmara Brasileira do Livro, SP, Brasil)

093e   Ossona, Paulina.
        A educação pela dança / Paulina Ossona [tradução: Norberto Abreu e Silva
        Neto]. — 6. ed. São Paulo : Summus, 2011.

        Título original: La educación por la danza: enfoque metodológico.
        Bibliografia.
        ISBN 978-85-323-0317-2

        1. Dança 2. Dança – Estudo e ensino I. Título. II. Série

                                                                CDD-793.3
88-0899   -793.307

                    Índices para catálogo sistemático:

                    1. Dança : Artes   793.3
                    2. Dança : Estudo e ensino   793.307
                    3. Educação pela dança : Artes 793.307

EDITORA AFILIADA

Compre em lugar de fotocopiar.
Cada real que você dá por um livro recompensa seus autores
e os convida a produzir mais sobre o tema;
incentiva seus editores a encomendar, traduzir e publicar
outras obras sobre o assunto;
e paga aos livreiros por estocar e levar até você livros
para a sua informação e o seu entretenimento.
Cada real que você dá pela fotocópia não autorizada de um livro
financia um crime
e ajuda a matar a produção intelectual em todo o mundo.

A EDUCAÇÃO PELA DANÇA

PAULINA OSSONA

summus
editorial

Do original em língua espanhola
LA EDUCACIÓN POR LA DANZA
Enfoque metodológico
Copyright © 1984 by Paulina Ossona
Direitos desta tradução adquiridos por Summus Editorial

Tradução: **Norberto Abreu e Silva Neto**
Capa: **Edith Derdik**
Direção da coleção: **Fanny Abramovich**

Summus Editorial
Departamento editorial
Rua Itapicuru, 613 – 7º andar
05006-000 – São Paulo – SP
Fone: (11) 3872-3322
Fax: (11) 3872-7476
http://www.summus.com.br
e-mail: summus@summus.com.br

Atendimento ao consumidor
Summus Editorial
Fone: (11) 3865-9890

Vendas por atacado
Fone: (11) 3873-8638
Fax: (11) 3873-7085
e-mail: vendas@summus.com.br

Impresso no Brasil

NOVAS BUSCAS EM EDUCAÇÃO

Esta coleção está preocupada fundamentalmente com um aluno sagaz, inquieto e participante; com um professor que não tema as próprias dúvidas; e com uma escola aberta, viva, posta no mundo e ciente de que estamos no século XXI.

Nesse sentido, é preciso repensar o processo educacional. É preciso preparar a pessoa para a vida e não para o mero acúmulo de informações.

A postura acadêmica do professor não está garantindo maior mobilidade à agilidade do aluno (tenha ele a idade que tiver). Assim, é preciso trabalhar o aluno como uma pessoa inteira, com sua afetividade, suas percepções, sua expressão, seus sentidos, sua crítica, sua criatividade...

Algo deve ser feito para que o aluno possa ampliar seus referenciais de mundo e trabalhar simultaneamente com todas as linguagens (escrita, sonora, dramática, cinematográfica, corporal etc.).

A derrubada dos muros da escola poderá integrar a educação ao espaço vivificante do mundo e ajudará o aluno a construir uma visão própria do universo.

É fundamental que se questione mais a educação. Para isso, devemos estar mais abertos, mais inquietos, mais porosos, mais ligados, refletindo sobre o nosso cotidiano pedagógico e perguntando-nos sobre seu futuro.

É necessário nos instrumentalizarmos com os processos vividos pelos outros educadores como contraponto aos nossos, tomarmos contato com experiências mais antigas mas que permanecem inquietantes, pesquisarmos o que vem se propondo em termos de educação (dentro e fora da escola) no Brasil e no mundo.

A coleção Novas Buscas em Educação pretende ajudar a repensar velhos problemas ou novas dúvidas que coloquem num outro prisma preocupações de todos aqueles envolvidos com a educação: pais, estudantes, comunicadores, psicólogos, fonoaudiólogos, assistentes sociais e, sobretudo, professores. Pretende servir a todos aqueles que saibam que o único compromisso do educador é com a dinâmica e que uma postura estática é a garantia do não crescimento daquele a que se propõe educar.

SUMÁRIO

Prefácio 9

1. POR QUE DANÇAR?

Perguntas e respostas, reflexões e comentários sobre a dança moderna, 11; Por que dançar?, 18; A expressão corporal, 25; Movimentos orgânicos, 28; Movimentos expressivos instintivos, 29; Movimentos utilitários, 30; Movimento involuntário, 32; Escorregar, 34; Cair, 34; Chocar, 35; Enganchamento, 36; Outros movimentos involuntários, 36; Movimentos de imitação, 36; Gesto expressivo espontâneo, 37.

2. O QUE DANÇAR

Introdução, 41; A dança desde a pré-história, 41; Formação, 44; Qualidade dos movimentos, 46; Indumentária, 47; As antigas culturas, 47; Idade Média, 61; Renascimento, 63; As danças de salão, 65; A dança do espetáculo popular, 67; A dança folclórica, 68; Intercâmbio entre a dança folclórica e a acadêmica, 72; A dança clássica, 73; A dança moderna na Europa Central, 75; A dança moderna nos Estados Unidos, 77; Comparações, 78; Formação ou traçado espacial e expressão, 79; Formação, 79; Tempo e expressão, 102; Desenho e expressão, 103; Grau de energia e expressão, 105; Gravidade e expressão, 106; Fluir, 107.

3. COMO DANÇAR

O criador, 110; Criadores e intérpretes, 113; Melancolia, 120; Ternura, 121; Rancor, 122; Primeiro agrupamento, 124; Segundo agrupamento, 124; Episódio dançado baseado em formas e cores, 127; O intérprete, 131; Professores e alunos – Mestre e discípulo, 136; Seguidores e moda, 142; Exercícios de análise, 142; Desenvolvimento da função crítica, 147; Desenvolvimento, analogia e síntese, 151; Coordenação, 152; Influência, imitação, cópia, moda, 153.

4. PARA QUE DANÇAR

Recreação e profissão, 155; Vocação, 157; Custo dos espetáculos, 160

Bibliografia 173

PREFÁCIO

Palavras de Isadora Duncan: "A dança, em minha opinião, tem como finalidade a expressão dos sentimentos mais nobres e mais profundos da alma humana: aqueles que nascem dos deuses em nós, Apolo, Pan, Baco, Afrodite. A dança deve implantar em nossas vidas uma harmonia que cintila e pulsa. Ver a dança apenas como uma diversão agradável e frívola é degradá-la".[1]

O mesmo alerta lança Paulina Ossona neste livro, quando comenta o terrível modismo das danças populares que tanto atraem a juventude argentina quanto a brasileira: "[...] acredito que quando a juventude permite a deterioração de seu legítimo impulso para a dança, se deixa usurpar perigosamente um veículo vital de comunicação".

Em nossa "sociedade civilizada", se é que ainda podemos denominá-la assim, a dança, como quase tudo, passou a ser valorizada como produto comercializável, tão rapidamente elaborado quanto consumido e de fácil digestão. Grande parte dos nossos jovens dançarinos só se interessa pelo que já conhece por intermédio dos meios de comunicação de massa, pelos artifícios efêmeros que estão na moda, preferindo o aplauso imediato ao sentimento interior de realização.

A dança que, em todas as sociedades, é forma primordial de comunicação expressiva passou também a ser dominada pelos grandes interesses econômicos que hoje manipulam nossos valores, nossas atitudes e nossos costumes. Como manifestação artística, que expressa visões individuais do mundo, sentimentos humanos profundos e as pulsações do inconsciente, está cada vez mais abafada, cada vez mais desprovida de condições materiais para sobreviver. Essa é a realidade atual tanto da Argentina quanto do Brasil.

Na primeira parte do livro, a autora discute as distinções entre as escolas de dança clássica e moderna e define expressão corporal, analisando as características do movimento expressivo. Passando pela história de várias culturas, apresenta em seguida um panorama da grande variedade de maneiras de dan-

---

1. CHENEY, Sheldon (org.). *The art of the dance, Isadora Duncan*. Nova York: Theater Arts Books, 1977, p. 103.

çar, enfatizando a importância da dança para todos os povos, em todas as épocas. Oferece-nos, depois, elementos metodológicos para o ensino da dança artística: "como" dançar. A dança artística desenvolve-se de forma artesanal. O dançarino adquire domínio sobre seus movimentos por meio de exercícios cotidianos que exigem enorme grau de disciplina pessoal. Sem trabalho intensivo com o corpo não é possível ao artista aperfeiçoar seu instrumento de expressão, visto que ele forja sua arte concretamente: dançando.

Essa regra, no entanto, não implica a transformação do dançarino em um robô, que reproduz os exercícios repetitivos ensinados na maioria das escolas. Ao contrário, a prática da dança artística baseia-se na atividade exploratória livre, para propiciar a descoberta de movimentos novos e verdadeiramente expressivos.

Este livro aborda o estudo do movimento por meio da exploração de variações de intensidade, acentuação, ritmo e ocupação do espaço. A metodologia proposta baseia-se nas intenções de cada movimento, as quais caracterizam os diferentes tipos de esforços; utiliza evocações de imagens sensoriais e de sentimentos, como sugestões para o ato de dançar; conduz à prática verdadeiramente criativa da arte da dança. Por isso, sua leitura será de grande interesse para professores e coreógrafos que desejem ultrapassar os exercícios preestabelecidos pelas escolas consagradas de dança clássica ou moderna, em busca de uma dança verdadeiramente expressiva, cujo significado original, de comunicação com outros homens e com os deuses, seja resgatado.

Mas o livro também traz a denúncia e o grito de angústia da autora, que parece sofrer na pele as consequências do abandono da dança artística na Argentina (e em outras sociedades semelhantes, onde pouco ou nenhum estímulo existe para o desenvolvimento das artes). Por isso, sua leitura também será de grande interesse para todos os aficionados da arte de dançar.

Marília de Andrade

1

POR QUE DANÇAR?

PERGUNTAS, RESPOSTAS, REFLEXÕES E COMENTÁRIOS SOBRE A DANÇA MODERNA

A dança, que muitos historiadores apontaram como a mais antiga das artes, é paradoxalmente – em sua forma culta – a de mais recente aparição entre nós. É possível que, por essa razão, quando se solicita um curso ou uma conferência a um especialista da dança, o tema fique completamente a critério deste.

Talvez aí também esteja a razão de ninguém se atrever a formular perguntas depois ou durante o transcurso de uma dessas exposições em que o conferencista convida a que lhe façam perguntas, pois, consciente de seu desconhecimento, o público teme dizer algo errado.

Em troca, noutras ocasiões, quando a relação do bailarino com seu público tem um caráter mais íntimo, este último costuma fazer perguntas e, às vezes, também afirmações, nem sempre acertadas; ele extrai as mais gerais dentre elas, com a finalidade de clarificar um pouco os conceitos e tornar agradável, fácil e frutífera a relação artista-destinatário.

A primeira pergunta que registro é a mais comum, apesar de já transcorridos muitos anos desde que nós, as primeiras argentinas, decidimos baixar das pontas de nossas sapatilhas de cetim rosa e aferrar-nos mais ao solo, nosso próprio solo, para marchar ao ritmo da época e construir uma arte para o futuro: "É por acaso a dança moderna... o *jazz*, os neoafros... enfim, as últimas modas em matéria de danças de salão?"

Devo esclarecer que, em meu conceito, essas formas só podem interessar ao especialista de maneira global, como um fenômeno de dança imposto à juventude por uma publicidade cientificamente aplicada com fins lucrativos.

Nesse sentido, só posso abrigar o desejo de que as futuras gerações cheguem a registrar esse fato como uma etapa superada da história da dança popular, porque acredito que, quando a juventude permite a deterioração de seu legítimo impulso para a dança, ela se deixa usurpar perigosamente um veículo vital de comunicação.

Mas, voltando a essa primeira pergunta, a resposta é: NÃO.

A dança moderna nada tem que ver com as danças dos jovens nas danceterias da moda, tampouco com o espetáculo que desenvolvem amplamente a revista e assiduamente o *show*, ainda que, às vezes, a dança moderna possa inspirar-se nesse ambiente para um balé de argumento ou para refletir uma impressão da época, quer dizer, utilizá-lo como matéria-prima, como um testemunho do conflito do homem em sua época e situação geográfica. A dança moderna é um aspecto culto da arte da dança, que adota formas adequadas à expressão de sua época.

Quer dizer: assim como existe uma arquitetura moderna, cujo exemplo máximo não é o toldo inflável e funcional, ou uma música, uma literatura, uma poesia moderna que tampouco estão representadas pelo *jingle* publicitário, ou uma pintura e escultura modernas, cuja relação com o cartaz de rua e as chamativas embalagens de produtos para consumo é distante ou inexistente, também existe uma dança de concerto com formas modernas, da qual se pode gostar ou não, segundo a qualidade que esta possua ou o grau de evolução do espectador, mas é necessário que o público a conheça para que possa apreciá-la e reconhecê-la.

A segunda das perguntas-afirmações é a seguinte: "A dança moderna constitui – sem dúvida – a evolução da dança clássica?"

A resposta novamente é: NÃO. Na atualidade, a dança moderna é precisamente a evolução de uma forma que nasce como o mais oposto ao que hoje se costuma chamar dança clássica, e mais propriamente poderíamos denominar dança acadêmica.

No momento em que Isadora Duncan, obedecendo à sua índole e ao seu espírito pessoal, rebela-se contra os cânones vigentes e se translada à Europa, não para submeter-se aos mestres, mas para beber a beleza natural da arte nas fontes da escultura grega e da plástica antiga em geral, nasce para a dança esse novo caminho que permite ao dançarino e ao coreógrafo contemporâneos manifestar-se em obras que são uma mensagem da época.

Quais eram esses cânones? Os que ainda regem a formação do bailarino clássico, quer dizer: a idealização da figura humana desafiando a lei da gravidade, desprezando o ângulo como meio expressivo, adotando só linhas retas ou curvas, que são as que se consideram elegantes e agradáveis à vista, lá na corte, onde nasce a escola do balé clássico.

Para obter domínio desses cânones, é necessária uma disciplina de permanente tensão, que mantenha sempre o corpo numa postura rigidamente vital, na qual a expressão só venha colorir, como nas antigas fotos iluminadas, essa firme estrutura.

■ A EDUCAÇÃO PELA DANÇA ■

Uma entrega à emoção total a abrandaria, destruindo-a, ou desequilibraria toda essa laboriosa construção sonhada e edificada.

Isadora Duncan, influenciada por Delsarte e Genoveva Stebbins, que diante de uma simples cortina dançava posturas da escultura grega, avança mais longe que seus modelos e opõe às firmes teorias clássicas sua descoberta das leis da natureza que desenvolvem todo movimento em ondas.

O triunfo pessoal de Isadora Duncan e o fogo avassalador de sua paixão permitiram a divulgação dessa arte renovada da dança, cuja face científica e acadêmica Rudolf Laban desenvolveu na mesma época.

Laban criou o que hoje é a base da escola de dança moderna, com acréscimos ou supressões segundo o estilo, mas invariável em seus princípios.

Em síntese, a dança moderna não é a evolução da dança clássica, mas a evolução de uma escola nascida anticlássica. E assim como o símbolo mais acabado da dança clássica é hoje Maria Taglioni (primeira bailarina que bailou nas pontas dos pés) ou La Legnani, criadora dos famosos *fouettés* (giros continuados em um único pé), o símbolo da dança moderna é Isadora, a primeira que se descalçou para voltar às origens.

Hoje as duas escolas têm tantas abordagens mútuas, tantos elementos comuns, que depois de criar o estilo neoclássico estão convergindo para a formação de um novo estilo, futuro mais imediato do gênero balé.

Isso não quer dizer que uma obra sem estilo seja mais atual, mas sim que reflete um momento de novas buscas e hibridez.

A terceira pergunta costuma ser: "Quais são os princípios de cada escola, em que se parecem e em que se diferenciam?"

Logicamente, eles se parecem porque ambas utilizam o movimento como meio expressivo e, até ontem, porque os cultores de cada uma das duas escolas negavam fanaticamente a outra. Hoje, para o bem ou para o mal, esse estado de guerra foi superado, e são raros os dançarinos que não cultivam sua arte em ambas as escolas.

Diferenciam-se em seus princípios, quer dizer, no por que, como e para que dançar. Na dança clássica, dança-se pelo amor ao movimento em si, sem necessidade de que este seja um meio expressivo. O estilo clássico nasce nas cortes e é uma dança polida, na qual a harmonia das linhas cria uma beleza formal cujos cânones nascem, certamente, do desenvolvimento daqueles que fixam a dança cortês: leveza, elegância, alegria. Dança-se nas cortes para celebrar ou para divertir-se; a dança já não tem nada de ritual, nada de oração, de preparação para o combate ou de cerimônia fúnebre.

Outra diferença fundamental: a beleza formal parte da figura humana isolada. A relação entre solista e o conjunto é muito frágil, quase sempre decorativa e harmoniosa; não existe a relação com o espaço como meio expressivo; ou seja, o dançarino é um ser ideal, totalmente entregue ao movimento cujo mundo circundante não exerce nenhuma influência em seu estado de espírito. A beleza dos movimentos, tanto individuais como em conjunto, dá-se por meio de uma harmonia que se apoia com exclusividade na simetria e no equilíbrio.

Como resultado, temos um enfoque muito especial do tempo, no qual tudo acontece sem alusões ao passado ou futuro, em um presente contínuo muito semelhante ao das modernas tendências norte-americanas, conhecidas como dança contemporânea.

Desejo ser bem explícita: pela lógica, a dança clássica move-se no espaço, e até necessita de maior quantidade de espaço que a moderna para o desenvolvimento de sua mecânica, mas não usa o espaço como meio expressivo; às vezes, produzem-se grupos muito bonitos e desenhos espaciais decorativos, mas o espaço nunca é o parceiro do dançarino; o palco é sempre marco, e não ambiente, o esforço empregado em vencer a resistência é o que deve parecer mínimo e sempre dirigido contra a gravidade, nunca contra essa matéria fluida chamada espaço.

Na dança moderna, dança-se para expressar o homem em relação com o homem, com a natureza, a divindade, a máquina, as paixões ou os costumes.

A beleza de formas não é preestabelecida; um movimento será belo ou não em relação com a finalidade expressiva e com a veracidade de resposta dada ao sentimento que a origina.

Na dança moderna a relação solista e conjunto é indispensável; do contrário, não se justificaria a presença de um desses dois elementos.

A simetria e o equilíbrio são quase sempre desprezados como meio expressivo, posto que se considera que todo movimento é a ruptura do equilíbrio físico, assim como toda emoção é a ruptura do equilíbrio anímico.

O espaço é imaginado como mundo conflitual, no qual o dançarino projeta sua emoção e do qual recebe estímulo ou resposta.

Por momentos, o ar pode adquirir a densidade de qualquer outra matéria, de acordo com a relação subjetiva que essa (matéria-mundo) tenha com ele ou com os dançarinos.

Por esse motivo, dentro de um plano estritamente expressivo, o dançarino pode criar espaço onde ele não existe. Claro que, da mesma forma que acontece na dança clássica, quanto maior for o espaço, tanto melhor para a perfeição técnica, a expressão e a beleza do espetáculo.

A EDUCAÇÃO PELA DANÇA

Se a dança em geral é a expressão por meio do movimento, a dança moderna em particular está muito mais sujeita a esse princípio, posto que os mesmos elementos, isto é, um mesmo esforço realizado com grau idêntico de energia não serviria para expressar distintos estados de ânimo. Com isso, quero dizer que cada personagem tem sua própria maneira de atuar, a qual, imposta por seu caráter, possui uma ampla gama de matizes que correspondem às mudanças de estado emocional.

Essa é a razão pela qual os meios da simetria e do equilíbrio que constituem a linguagem da dança clássica são inadequados para a expressão da dança moderna.

Temos *o arabesque*, por exemplo, uma das figuras mais belas da dança clássica, que pode expressar tudo: a ira, no gesto de desprezo; o poder de Deus assinalando o céu; a serenidade com o vertical; a coqueteria com *o temps levé* em *arabesque;* a doçura no *arabesque penché.*

Uma *pirouette* em *arabesque* tanto pode representar poder como pedido de silêncio, se quisermos dar-lhe esses significados, porquanto tudo depende de uma convenção preestabelecida, para a qual o argumento desenvolvido no programa nos prepara.

A dança moderna, em troca, vê-se obrigada a criar cada um dos gestos, cuja culminação seria a posição mais adequada para traduzir uma personagem e um estado de ânimo. Por isso, a ação comunicativa será diretamente transmitida pelo movimento, enquanto a pose é só a culminação desse movimento, que fica vibrando no espaço.

Outra das perguntas-afirmações que me fizeram ao terem conhecimento de meu gosto em compor danças sobre palavra recitada foi: "Você faz mímica?"

Nesse caso, a confusão talvez seja mais justificável, haja vista que tanto a arte do mimo como a dança moderna são visuais e utilizam a figura humana e seus movimentos como meio de expressão.

Sendo assim, concordemos que tanto a dança clássica como a moderna possam subdividir-se em muitos estilos; cada criador tende para determinado estilo, que tinge de cor pessoal cada uma de suas obras, por mais eclético que ele tente ser na seleção de todos os temas.

A dança clássica se subdivide em três grandes ramos, a saber[1]:

---

1. Definições do *Vocabulário técnico de la danza clássica*, compilado e registrado por Esmeé Bulnes, Centurión, Buenos Aires.

Danse noble (Dança nobre)	Termo usado antigamente para designar a dança do mais puro estilo clássico.
Danse de caractère (Dança de caráter)	Termo genérico aplicado às danças inspiradas nas tradicionais e em danças nas quais se imitam os movimentos próprios de uma classe de pessoas ou de alguma profissão ou ofício.
Danse de demi-caractère (Dança de semicaráter)	Dança inspirada nos mesmos motivos da dança característica, mas realizada de acordo com a técnica da dança clássica.

Por sua vez, a dança moderna pode dividir-se quase em tantos estilos quantos forem os criadores, mas de modo geral podemos classificá-la em:

- dança pantomímica ou expressionista;
- dança abstrata ou musical;
- dança concreta ou espacial;
- dança plástica;
- dança rítmica;
- dança experimental.

Qual é então a diferença entre dança pantomímica e pantomima? Ambas utilizam a expressão corporal. Hoje se fala muito de expressão corporal, um título em moda, usado com muito maior frequência do que se aplica – com eficácia e conhecimento – à disciplina da expressão corporal.

Ambas são artes visuais, cujos meios expressivos são a postura, o movimento, o tempo, o espaço... até aqui, tudo é similitude.

Passo a enumerar todas as artes nas quais a figura humana intervém como meio expressivo.

A pintura clássica ou realista, na qual a posição das personagens nos descreve sua ação e estado anímico.

A escultura também clássica ou realista, na qual vemos já não apenas a posição, mas muitas vezes o desenho do esforço, que foi retido na pose.

O teatro dramático, no qual o movimento é às vezes realista, mas em geral sintetizado e exaltado.

O teatro lírico, no qual o movimento pode ser, além de sintetizado e exaltado, levado à convenção e à musicalidade.

■ A EDUCAÇÃO PELA DANÇA ■

A pantomima, na qual o artista utiliza também a síntese e a exaltação do movimento, orientado em geral para captar os gestos cotidianos do homem até o ponto em que um mimo eficaz consegue não apenas sugerir-nos objetos não existentes, mas ainda fazer-nos perceber linhas e volumes inexistentes. Mas também está o mimo subjetivo, que tem maiores pontos de contato com a dança ao introduzir-se num terreno mais abstrato.

À dança é proibida a realização de gestos realistas, mas em troca ela possui mais liberdades espaciais e temporais.

Como a música, pode repetir um movimento, invertê-lo, combiná-lo com seus contrastantes ou análogos e criar sequências como frases que podem, por sua vez, ser respostas desenvolvidas, invertidas etc.

Utilizando exatamente estes mesmos meios – repetição, inversão, contraste etc. –, pode criar na ordem espacial, levando as linhas a diversos planos e níveis, rotando a figura tanto na posição perpendicular ao solo como em qualquer outra que o coreógrafo consiga dominar.

Há uma pergunta que é a mais angustiante, quando formulada depois de um espetáculo que representou o fruto de enormes e prolongadas buscas, seleção e elaboração: "O que você quis exprimir com sua dança?"

Na hora, dá vontade de atormentar o perguntador com questões mal-humoradas: "Que quis dizer com quê? Com qual dança? Com que movimento? O que você pretendia que dissesse? Por que não exige da dança clássica que signifique algo? Ou da espanhola? Ou da russa?..."

Mas não, na verdade essa pessoa nos deu a honra de dar-se conta de que queríamos expressar algo, a tal ponto que ela mesma dará depois, quase seguramente, sua própria explicação à mensagem. E eu diria que raramente se equivoca, posto que em geral não estamos expressando fatos cotidianos isolados, mas tratando de criar um clima, um estado de ânimo, um mundo surrealista, no qual as figuras são símbolos e os movimentos expressam emoções que o realismo científico não poderia determinar.

Outra pergunta bastante geral: "Por que dança descalça?"

Em grande parte, é uma questão de estilo. Raras vezes evocamos uma dançarina clássica sem imaginá-la em pontas de pé. No entanto, isso seria um detalhe, um elemento a mais dentro da complexa estrutura da técnica clássica; nunca se poderá dizer que um dançarino não é clássico pelo simples fato de que os homens não dançam em pontas de pé.

Tampouco se pode dizer que um dançarino deixe de ser moderno porque dance calçado. Mas, ao cobrir os pés, o dançarino renuncia a um meio expressivo que, sendo sólida a técnica, pode ser equiparado com a mão. Por outro lado, o pé desnudo tem muito mais possibilidades de infundir segurança nos momentos em que se joga no limite do equilíbrio, para perdê-lo deliberadamente e voltar a restabelecê-lo; essa é a linguagem do movimento na dança moderna, eis aí uma explicação técnica. Às vezes tenho respondido com outra pergunta: "Por que os pianistas, guitarristas ou harpistas não tocam de luvas?" Há também outra explicação: o contato do pé com o solo é uma sensação tátil que produz bem-estar ao dançarino e, dir-se-ia, aprofunda ou amplia sua receptividade e projeção. Para uma terceira resposta – algo mais subjetiva ainda e não menos real, posto que a arte é em geral subjetiva – vou-me servir de uma frase de Serge Lifar: "O dançarino deve ser como o arco-íris, que une o céu à terra". Creio que essa é, na realidade, uma definição muito feliz por ser exata e incontroversa. E mais, o contato do dançarino com a terra se produz, quase exclusivamente, como em qualquer ser humano, pelos pés.

Chego agora à sétima pergunta. Mais uma vez, é uma afirmação, e formulada com tal convicção que muitas vezes dá pena expressar que alguém creia exatamente no contrário.

"A escola clássica é – naturalmente – a base"; logo, com a solidez dessa base podem-se aprender todas as demais formas de dança, em especial a moderna. A dança é uma disciplina que se deve começar quando se é bem pequeno, sobretudo quando os dotes físicos não são excepcionais. Nesse caso, a técnica da dança clássica, com sua contínua tensão e sua total desvinculação do cotidiano e passional, é um castigo corporal e uma disciplina do espírito que pode ser demasiadamente dura para uma criança muito pequena.

Pessoalmente, creio que uma dança educativa, criativa e recreativa deve ser o primeiro passo na educação de todo indivíduo, com maior razão na formação de um artista e, mais ainda, se este for um artista da dança.

Definida sua vocação, o futuro dançarino submeter-se-á de bom grado aos exercícios nem sempre agradáveis e, sim, sempre áridos dos primeiros anos.

Em todo caso, embora entenda que a disciplina da dança clássica é benéfica como cultura física e dancística, ela jamais deve vir separada da face artística, algo que o estudante pode encontrar já na primeira aula de dança moderna.

POR QUE DANÇAR?

Que impulso irresistível leva o homem a dançar? Por que ainda no estado natural mais primitivo, em lugar de economizar suas energias para encon-

■ A EDUCAÇÃO PELA DANÇA ■

trá-las mais intactas no momento da ação, necessária a seu sustento ou à sua defesa, desperdiça-as em movimentos fisicamente esgotantes? Sem dúvida, por uma necessidade interior, muito mais próxima do campo espiritual que do físico.

Seus movimentos, que progressivamente vão se ordenando em tempo e espaço, são a válvula de liberação de uma tumultuosa vida interior que ainda escapa à análise. Em definitivo, constituem formas de expressar os sentimentos: desejos, alegrias, pesares, gratidão, respeito, temor, poder.

No entanto, esses sentimentos estão intimamente relacionados com a necessidade material do grupo humano primitivo. Necessidade de amparo, abrigo, alimento, defesa e conquista; de procriação, saúde e comunicação.

Tais requisitos levam-no primeiro a observar a natureza e a relação que existe entre os fenômenos naturais propícios ou contrários à sua necessidade. A cada uma dessas manifestações ele atribui um espírito e uma vontade semelhantes à sua. Para obrigar essa vontade a curvar-se ante a sua, ele inventa fórmulas mágicas, plasmadas em objetos miméticos que traduzem seus desejos.

Assim nascem as formas artísticas da expressão: a dança, a pintura, a música, a palavra, o teatro. No princípio, todas estão unidas em um só fato mágico e vão se separando com o desenvolvimento da cultura até os tempos atuais, em que um refluir na busca faz desandar o caminho para refundi-las numa integração.

Mas a história não é vã experiência, e hoje possuímos enorme riqueza artístico-cultural que nos oferece a possibilidade de apreciar tanto um solista, quer seja instrumental, cantante, dançarino, narrador, quer recitalista, como uma orquestra de câmara ou sinfônica, um coro, um corpo de baile, uma companhia de teatro ou de ópera. Trata-se de um acúmulo de bens decantados durante séculos, e ainda que possamos preferir uma forma ou outra, aquele que, por razões de moda ou sofisticação, manifesta que este ou algum outro tipo de expressão está fora de época evidencia possuir a única pobreza digna de lástima – a pobreza espiritual.

Mesmo que a arte seja una e indivisível, a multiplicidade de suas manifestações torna impossível que estas possam ser cultivadas de uma só vez por uma mesma pessoa; em troca, um verdadeiro artista, ao aprofundar-se no conhecimento de sua especialidade, faz-se mais aberto à compreensão de todas as demais, já que sua sensibilidade e percepção se agudizam.

Voltemos então a inquirir: se todo ser atraído pela arte experimenta igual necessidade interior de plasmar sua emoção em uma obra ou forma estética, por que alguns descarregam essa necessidade na construção de objetos concretos e duradouros, ao passo que outros escolhem um meio tão efêmero como a dança?

É certo que em toda criação artística intervém a totalidade do ser e que cada uma constitui uma comunhão com os demais homens; no entanto, é inegável a preponderância de certos fatores, tanto na realização definitiva como na valoração ou consecução de cada feito artístico.

Já na etapa do conjuro mágico, quando as distintas manifestações artísticas acham-se mais fundidas, começam a manifestar-se as primeiras e definitivas diferenças.

A dança, por exemplo, aparece como *feito coletivo*, atividade ineludível, em cuja realização cada participante se funde na ação, na emoção e no desejo com o corpo geral da comunidade.

Por outro lado, se observamos a pintura ou a escultura, vemos que o artista plástico primitivo parece ter estabelecido uma *relação mais intimista* tanto com o fenômeno final perseguido quanto com o objeto mediador para sua realização. Assim, a sós, ele se fixou sobre a arma utilizada para lhe dar caça, a imagem do animal de que necessitava para seu sustento ou abrigo, desenhada com o próprio sangue da vítima.

Quando a arma lhe resultou insuficiente, ele gravou ou pintou os motivos na rocha, e essas superfícies logo guardaram esses traços em forma perdurável.

Isso nos leva a uma segunda diferença: *objeto artístico temporal* e *objeto artístico perdurável*.

A perdurabilidade de sua obra faz chegar até nossos dias as imagens com que o artista plástico documentou, mediante sua criação pessoal, a arte coletiva e efêmera dos dançarinos, que se extingue no mesmo momento de sua realização.

No transcurso da história, a dança também é utilizada para documentar, ao reviver algum acontecimento; mas a diferença entre as formas plásticas e as dançadas reside no fato de que, para obter esse propósito, a dança se vale da representação sempre renovada dos fatos ocorridos. No transcurso dos séculos, a representação evolui, emigra, os fatos históricos se fundem uns com os outros, as distintas raças e classes sociais lhe imprimem seu próprio caráter, de modo que do objeto artístico original só restam um ponto de partida e alguns elementos unicamente perceptíveis para o especialista.

Com isso chegamos a uma terceira diferenciação, que define as artes plásticas como possibilidades documentais intemporais e a dança como possibilidade representativa temporal. No primeiro dos casos, a obra permanece, e a evolução da arte vai criando fatos distintos que não destroem o anterior. No

■ A EDUCAÇÃO PELA DANÇA ■

segundo, a obra tem vida temporal que nasce, se desenvolve e morre no momento de sua execução, e cada vez a evolução cria uma nova forma que substitui a anterior.

Foram então analisadas as diferenças entre as artes plásticas (espaciais e visuais) e a dança (também espacial e visual).

Iguais diferenças de temporalidade e perdurabilidade, documentabilidade e representatividade existem entre a arquitetura e a dança e, embora a solidez da primeira destaque com maior força a fragilidade da segunda, a necessidade de grandes espaços para dar vida a linhas, planos e volumes as irmana na ordem espacial.

Em troca, a mutabilidade da dança lhe confere um dinamismo que exalta, por sua vez, os contrastes entre uma e outra forma da arte.

A arte da narração, também no passado temporal e efêmero como a dança, possui a princípio as mesmas condições de metamorfose que a adaptam a diferentes lugares e épocas, mas vai adquirindo, com o desenvolvimento da escrita, uma perdurabilidade que se concretiza em formas fixas: fábulas, contos e novelas que a evolução do próprio idioma e a tradução não conseguem desvirtuar.

As formas teatrais e a poesia também se fixam com a escrita; mais tarde criam-se meios de fixar os sons musicais e, em nossos dias, também as formas coreográficas.

Mas teatro, dança e música só vivem quando são representados, e todo feito artístico dessa natureza se autodestrói em cada representação, bastando consumar-se.

Hoje, o filme e a gravação criaram a possibilidade de reproduzir um feito artístico temporal, ainda que por um período relativamente curto, se o comparamos à permanência secular da arquitetura românica ou aos testemunhos plásticos ainda visíveis do artista primitivo.

A arte do escritor, embora se desenrole no tempo como a dança, possui a faculdade de transladar o leitor a um tempo e lugar criados por sua imaginação, factível de mudar a vontade sem desorientá-lo, já que por seu próprio meio artístico pode descrever o novo lugar e o tempo transcorrido.

Para essa mesma finalidade, além de assumir as posturas e os gestos adequados ao lugar, à época e à condição, as artes teatrais devem apelar para a cenografia e o vestuário ou, inclusive, no caso da dança, a uma prévia explicação oral ou impressa.

Sem limitações de tempo e/ou espaço, o escritor pode deixar voar sua imaginação, descrever mundos e seres maravilhosos, e criar situações inconcebíveis para os não especialistas.

A arte do dançarino vê-se limitada às possibilidades de seu corpo, ao lugar que este ocupa no espaço, ao tempo do desenvolvimento de sua obra e às leis da física. Mesmo que o coreógrafo disponha de vários dançarinos para formar figuras geométricas, cada uma delas substitui a imediatamente anterior – que fenece – e sua apreciação no teatro está limitada à observação frontal.

Tal como a dança, a música é outra das artes temporais, e é tanto o parentesco de uma com a outra que em nosso país são confundidas em uma só rubrica, sendo a dança considerada uma espécie de música menor, uma ilustração, algo envilecida dos sentimentos que a música desperta. Felizmente somos uma exceção (talvez a única mundial), e os artistas da dança podem buscar em outras terras o respeito e a consideração que sua atividade merece.

Voltando à análise das similitudes e diferenças de uma e outra forma de manifestação artística, pensamos: é difícil imaginar o músico primitivo realizando um concerto, enquanto outros membros da comunidade assistem passivamente à audição. Mais difícil ainda é imaginar um dançarino primitivo dançando em silêncio diante de um grupo oficiando o ritual como público.

Sem dúvida, o primeiro instrumento de percussão que o homem utilizou foi a terra, golpeada por ele na dança, e o primeiro instrumento de sopro, sua voz, acompanhando a dança com gritos.

A atividade música-dança nos começos da cultura era não apenas uma unidade, mas também uma entrega total e absoluta de cada fibra do ser. Esta última particularidade perdura em nosso tempo e em todas as manifestações da arte, mas a diferença entre nossas formas dançadas e a dos primitivos reside no fato de que neles a entrega consistia em uma atividade motora poderosa e febril, não atenuada pelo processo analítico ou pela elaboração intelectual.

À medida que foi adquirindo hegemonia, a música apelou com maior exclusividade a certas partes do corpo: as extremidades superiores, no caso da maioria dos instrumentos, mas alguns movimentos das extremidades inferiores no piano, no órgão e na harpa, e do aparelho respiratório no canto e nos instrumentos de sopro.

De todos os modos o corpo, no caso da música, cumpre uma função secundária do ponto de vista da percepção. Para deleitar-se com um concerto, o que importa é captar as vibrações que o som possui. É uma boa experiência assistir a um concerto e observar como as mesmas pessoas que se empenharam em obter lugares que lhes proporcionassem melhor visibilidade, chegado o momento de maior clímax musical, fecham os olhos para melhor apreciar a música.

■ A EDUCAÇÃO PELA DANÇA ■

Esta é a diferença fundamental entre música e dança: a primeira é uma forma auditiva e a segunda, uma forma visual; dessa diferença derivam quase todas as impossibilidades de identificar uma com a outra.

Na música, por mais rápido que se sucedam, os sons correspondem a figuras que podem ser percebidas uma a uma.

Cada som ou figura musical pode equiparar-se na dança a uma postura, mais que a um movimento. Para ir de uma postura à outra é necessário traçar um movimento que desenha uma linha no espaço e leva muito mais tempo que a emissão de um som.

Mesmo a mais simples das danças populares demanda um número de movimentos não perceptíveis em cada simples passagem apreciável. Por exemplo, em um simples passo de valsa, apenas podemos distinguir três batidas dos pés contra o solo, mas cada um desses golpes exige, além disso, uma mudança de peso de todo o corpo e um movimento nascido na articulação fêmur-cadeira, que é a maior do corpo.

Por suposição, também ao executar ao piano uma valsa, serão necessários apenas três movimentos das mãos para conseguir fazer audíveis os três tempos de um compasso. Mas o peso do corpo não descansa nesse momento sobre as mãos e, por outro lado, as menores articulações, ao ter de deslocar pequenos grupos musculares, resultam muito mais velozes em seus movimentos e ocasionam menor cansaço físico que a mobilização de grandes massas musculares. Por essa razão, em um só compasso de três tempos podem-se emitir relativamente muitos sons apreciáveis ao ouvido, que não podem ter seu equivalente na realização da dança. Apenas a ficção do desenho animado conseguiria esse efeito, que pareceria irreal e desumanizado.

O método de Jaques-Dalcroze, tão excelente para a educação dos músicos e tão útil na formação musical do dançarino, contribuiu para o assinalado erro de interpretação referente às relações música-dança por ser, precisamente, um método de movimento não dançado.

Apesar dessa fusão que comumente é feita entre dança e música, a subestimação da primeira faz que não se tenha a mesma posição diante do artista de uma ou outra especialidade. Assim, enquanto se admite que um violinista seja músico e que tal condição não o obrigue a ser também violoncelista ou oboísta, aceita-se que uma soprano não possa nem deva cantar no registro de contralto, uma cantora de câmara não faça ópera e vice-versa, de um dançarino exige-se que seja igualmente eficaz em todos os estilos: clássico, neoclássico; de caráter ou moderno. E, enquanto é sabido que um concertista rende

■ PAULINA OSSONA ■

sua máxima capacidade executando obras de Debussy ou dos contemporâneos, a dançarina romântica por excelência será reprovada por não fazer um magnífico *Amor bruxo*.

Do mesmo modo, crê-se que, chegado o declínio físico, o dançarino deve dedicar-se às tarefas de professor, de diretor ou ainda de coreógrafo.

A docência exige dotes naturais, vocação e dedicação, além de capacitação adquirida por meio de uma carreira e larga prática; se ocorre que o professor é, além disso, um artista, tanto melhor! Mas aquele que nunca se sentiu atraído pelo ensino cometerá um erro lamentável ao iniciar, na idade madura, uma atuação como professor que ensina por amor à arte, precisamente de um tema no qual ele foi especialista.

Tampouco poderíamos imaginar que pelo único fato de perder sua juventude um instrumentalista adquira a capacidade de dedicar-se à composição; de igual modo, a coreografia – composição cinético-espaço-temporal – requer condições de criador, observação, vocação, personalidade, originalidade, paixão pela composição coreográfica, conhecimento e estudos que abarcam o total de uma existência. Assim, mal se pode supor que a simples experiência interpretativa consiga suprir tudo isso.

Como a dança e a música, a poesia possui a condição de criar belas harmonias no tempo. Cada palavra em poesia, como cada movimento na dança, é uma conjunção sintetizada de emoções, ideias, sensações e estados de espírito.

O agrupamento de palavras em frases vai criando desenhos harmônicos, tal como o agrupamento de sons em música e de movimentos em sequências dançadas.

A realidade é substituída muitas vezes pela metáfora, o direto por sua essência; esses traços essenciais se justapõem e desenvolvem, se reiteram, variam, se ampliam e sintetizam ou, ainda, se sugerem.

Também assim é a dança, e por isso é tão bonito dançar acompanhado da poesia. Mas em geral o ritmo da palavra é sacrificado quando feito mais lentamente, pois a imagem surgida da frase poética deve deslocar-se no espaço, ao mesmo tempo que dá nascimento a uma forma, que se desenvolve e finaliza como uma minúscula dança.

No entanto, enquanto uma longa poesia pode condensar-se em uma dança curta, um poema breve pode originar um bailado de longa duração.

Toda vez que a poesia traduz um estado de ânimo em lugar de narrar um fato, é mais fácil de plasmar em dança, porque a narração de um fato real, por maior que seja sua magnificência ou majestade, exige certo tipo de movimento mais próximo da arte do mimo, com inclusão de gestos sugerindo objetos

■ A EDUCAÇÃO PELA DANÇA ■

de uso cotidiano ou casual; isso mantém o gesto mais apegado ao físico e impede o livre voo lírico.

A arte dramática, quer seja cantada, em verso, quer seja em prosa, desenvolve-se (como a dança) no tempo e no espaço, mas a ação e o gesto acompanham a palavra e muitas vezes constituem elementos secundários.

Quando uma obra de teatro se adapta à forma balé, é quase sempre imprescindível descrever por escrito no programa a cena que se está representando e, ainda assim, trata-se quase sempre de peças do teatro clássico, que são de conhecimento geral.

Criar sobre um texto, uma peça teatral, uma novela ou um conto significa nutrir-se de um magnífico material para a ação, mas ao mesmo tempo encerrar-se em uma prisão que, juntamente com a música, limita a liberdade criadora ou pelo menos impõe certas condições.

Assistimos neste momento ao prestígio e à divulgação crescentes de uma matéria muito aceita por todos aqueles que têm temor à dança: a expressão corporal.

A EXPRESSÃO CORPORAL

Esta matéria, que não constitui por si própria uma arte mas é muito útil à formação do ator, do cantor lírico, do mimo e do dançarino, não deve ser confundida com a dança porque, embora toda dança seja expressão corporal – mesmo que a isso não se proponha –, nem toda expressão corporal é dança, ainda que o coreógrafo possa transformá-la em tal, ajustando-a aos esquemas ineludíveis da arte coreográfica.

Todo movimento, desde o mecânico até o simbólico, contém sempre uma grande carga expressiva. Uma máquina parada pode transformar-se em um elemento expressivo apenas pelo contraste com a imagem que dela temos em movimento. Se em uma sequência cinematográfica nos é mostrada uma fábrica com suas máquinas paradas, deduzimos que são horas de descanso, ou que se trata de um lamento pela morte de alguém ou de uma greve. As mesmas máquinas em atividade transmitem uma sensação de poder, de trabalho febril, algo voraz e desumanizada.

A visão de um trem em movimento comunica-nos uma alegria como a de vencer distâncias, o mesmo que as rodas de um automóvel e a hélice de um avião.

Uma paisagem em movimento dá-nos a sensação de brisa sedante ou de ameaça de temporal, conforme o grau de animação.

Todo ser vivente manifesta-se no movimento. Um cachorro abanando o rabo e saltando demonstra sua alegria, e sua atitude difere muito da ira, mesmo que em ambos os casos ladre.

Um gato expressa sua ira encurvando as costas, e pelo ritmo de seu movimento, similar ao do espreguiçar-se, mas de modo veloz e brusco, entendemos muito bem que está com raiva.

Nós, os seres humanos, manifestamo-nos pelo movimento, assim como pela suspensão dele em uma postura passageira.

Na atitude de uma pessoa cujo movimento tenha sido fixado pela fotografia, podemos deduzir, por exemplo, se, ao correr, o faz com vistas ao futuro, para alcançar algo ou alguém, se o faz a partir do passado, fugindo de alguém, ou, ainda, como no caso do esporte, pelo simples prazer de correr.

Quando alguém simplesmente caminha, fica em pé, toma assento, deita-se ou gira, torna evidentes sua idade, seu caráter, seu estado de saúde, de ânimo, sua inteligência ou cultura.

Essa expressão é instintiva e involuntária, e emerge do total da ação, como uma tonalidade musical ou uma cor geral em um quadro.

É como uma clave de movimento que dá um acento comum a todas as ações voluntárias e utilitárias do ser.

Por exemplo, quando a energia e a velocidade de uma ação são superiores às necessárias (caso do ruído de uma porta quando bate), torna-se manifesto que o estado de ânimo do executante é áspero e agressivo, que é esse o caráter, ou, ainda, que se trata de pessoa sem educação; em todos os casos, não demasiado idosa.

Se os gestos ficam suspensos no ar e descrevem suaves curvas desnecessárias, indicam alegria, ilusão, bom humor. É o tipo de movimento que escolhemos para representar uma adolescente sonhadora, que pode ser pobre, rica, sadia ou enferma, mas nesse momento não está padecendo dor física nem moral.

Os gestos arrítmicos e desordenados, eivados de movimentos menores e parasitários, denotam nervosismo e excitação; se, além disso, são muito pequenos, sugerem velhice.

Energia e velocidade inferiores às necessárias indicam cansaço, melancolia, desalento; são também aptas para descrever uma pessoa na idade madura.

Boa velocidade e baixa energia, negligência; lentidão e grande energia, determinação.

Os gestos muito exatos em tempo, direção e energia revelam segurança em si mesmo, pedantismo, falta de imaginação, bom nível social ou econômico, embora também possam denotar falta de refinamento.

■ A EDUCAÇÃO PELA DANÇA ■

Quando se produz uma parada no meio do traçado de um movimento, geralmente seguida de uma variante no desenho e na velocidade, expressa-se dúvida ou ênfase no gesto.

É interessante constatar essas expressões em movimentos de tarefas cotidianas, como escrever, arrumar uma mesa ou uma cama, anotar um número telefônico, trocar de roupa, ordenar objetos diversos, costurar, tecer etc. Poderíamos estabelecer diversos quadros de classificação dos movimentos, como o que se expõe adiante. Neste catálogo, o *grau de energia* foi separado em: *superior* ao necessário, *exatamente* o necessário e *inferior* ao necessário; com os mesmos termos de *superior, exata* e *inferior* foi analisada a *velocidade*, ao passo que o *desenho* é analisado em *reto, curvo* ou *sinuoso.*

Quadro de classificação

Energia	+ Velocidade	+ Desenho	= Expressão
exata	exata	reto	comodidade, rotina
exata	superior	curvo	alegria, busca da beleza
exata	inferior	reto	distração
exata	exata	curvo	triunfo, suficiência
exata	superior	reto	mecanização
exata	inferior	curvo	afetação
superior	exata	reto	determinação
superior	superior	curvo	demonstração de ira
superior	inferior	reto	ressentimento, vingança no pensamento
superior	exata	curvo	ressentimento e determinação
superior	superior	reto	raiva
superior	inferior	curvo	rancor
inferior	exata	reto	derrota
inferior	superior	curvo	fastio, tédio
inferior	inferior	reto	cansaço, sofrimento

▶

Energia	+ Velocidade	+ Desenho	= Expressão
inferior	exata	curvo	triunfo, suficiência
inferior	superior	reto	indiferença, negligência
inferior	inferior	curvo	dúvida, aflição

Esses movimentos cotidianos, que de tal modo revelam nossa maneira de ser e de sentir, têm todos uma finalidade prática e pertencem a uma etapa de educação do movimento.

Como definitivamente o movimento é o único meio indispensável à dança, abordarei de imediato a análise dos movimentos humanos desde o nascimento do ser até sua voluntária utilização artística, ou seja, como meio de comunicação emocional, abstrato, belo e inteligente. Começaremos com o estudo dos movimentos orgânicos.

MOVIMENTOS ORGÂNICOS
(Baseado em um estudo de Rudolf Laban)

Em toda vida animada existe a capacidade intuitiva de plasmar a energia do corpo em movimentos. Em uma primeiríssima etapa da vida humana, observamos no bebê dois tipos de movimentos, ambos instintivos.

Um deles persegue uma finalidade expressiva e o outro, uma finalidade orgânica. Essa primeira atividade motora do ser humano consiste em movimentos das extremidades.

Ao golpear com os braços e empurrar com as pernas para fora de seu centro, o corpo vai perdendo a posição esférica, como de novelo, que tinha durante o estado embrionário.

Assim, repetindo essa ação, o corpo vai conseguindo que a posição estendida chegue a ser tão normal quanto a anterior.

Quando analisamos em detalhes esses movimentos, chegamos à conclusão de que sua *direção* é sempre a mesma, isto é: do centro à periferia em forma direta, quer dizer, sem nenhum desvio na execução.

Do ponto de vista da *energia*, podemos observar que muita é a energia utilizada, pois só é possível superar o peso das extremidades empregando um considerável caudal de força. No referente ao *tempo*, dadas a forma direta do movimento, sua força e a falta de motivação externa, que faz que não encontre obstáculos no caminho, este é rápido. Além disso, esses movimentos rápi-

■ A EDUCAÇÃO PELA DANÇA ■

dos agrupam-se em séries de ações que se repetem em intervalos regulares. São sumamente raros os movimentos isolados.

Outra característica é a simultaneidade. As pernas golpeiam de maneira conjunta, visto que os movimentos independentes das partes do corpo só são adquiridos mais tarde.

O interessante para o estudioso da dança é a notável semelhança entre essas primeiras ações e os movimentos que a criança faz alguns anos depois, quando tenta dançar.

Também as danças primitivas de adultos, tal como se pode ver ainda executadas por alguns povos de escassa maturidade cultural, mostram o mesmo princípio fundamental de movimentos golpeados de braços e pernas, ou seja, movimentos diretos, rápidos, fortes, também agrupados em séries e muitas vezes simultâneos.

A diferença entre estas duas últimas formas e os movimentos do bebê está no motivo do movimento.

No primeiro caso, vimos que a ação é instintiva e persegue o exercício de uma função neuromuscular.

A criança que deseja dançar, por sua vez, já alcançou a faculdade de caminhar, e por meio de saltos e pulos quer superar a gravidade, efetuando pequenas suspensões no ar.

Também o dançarino adulto busca a mesma finalidade; no entanto, nos dois casos o salto pode ser realizado com o objetivo de experimentar a queda, seja buscando a sensação própria de cair seja visando provocar uma impressão auditiva.

Quer dizer, suspendendo-se por um momento no ar, obterá como consequência uma queda mais forte, que fará ruído.

MOVIMENTOS EXPRESSIVOS INSTINTIVOS

A necessidade de comunicação é inata no homem. Essa necessidade orientou seu próprio instinto para os meios mais apropriados com que se expressar, ser compreendido e entender as manifestações de outros indivíduos.

Sem dúvida, na primeira tentativa de comunicação, o homem utilizou o movimento como veículo.

Ele é o meio de expressão a que todo homem, por mais civilizado e culto que seja, recorre quando não pode fazê-lo pela palavra. Falamos com gestos quando não entendemos ou não entendem nosso idioma, quando não é possível ouvir (como no caso das despedidas em que alguém está no corredor interno de um vagão hermeticamente fechado), quando não queremos que uma pessoa presente entenda, mediante a audição, o que desejamos comunicar a outrem, quando uma afonia impede a comunicação oral, e quando a distância é superior ao alcance da voz.

Os primeiros movimentos expressivos do ser humano (que aparecem, como já foi apontado, na mesma fase de desenvolvimento dos orgânicos, quer dizer, no recém-nascido) são feitos para manifestar inconformismo; acompanham o choro e juntos constituem uma manifestação de dor, de fome ou de qualquer outro incômodo ou moléstia.

Como no caso dos movimentos orgânicos, os expressivos abarcam um grande número de articulações, mas incluem um novo elemento: a rotação, que, no caso da dor, verifica-se ostensivamente no pescoço e na cabeça.

Esse é um movimento instintivo, que não é produto da imitação nem sofre maiores modificações com a educação.

Ainda que difira em ênfase e periodicidade conforme o caráter de cada indivíduo, a rotação de pescoço e cabeça, assim como a das mãos, continua sendo uma forma instintiva de dar escoadouro a uma dor ou preocupação mediante a expressão.

Simplesmente pelo curioso da coincidência, assinalemos um fato. Os primeiros movimentos expressivos da criança são para demonstrar inconformismo, constituem um protesto: as primeiras danças de tipo livre e expressivo que o estudante realiza significam também danças de protesto, nas quais em geral ele sofre muito e se manifesta com grande quantidade de movimentos, localizando a expressão no rosto e nas mãos.

A primeira etapa da dança moderna na Argentina foi abundante em obras intensamente dramáticas. Os temas eram trágicos; as músicas, lúgubres; e os vestuários, escuros, abarcando toda a gama de tons cinza e pardos.

Pode-se dizer que toda etapa de iniciação vai acompanhada necessariamente de expressões dolorosas, assim como todo período de transição. A superação dessas etapas leva a uma maturidade que o artista projeta em realizações construtivas.

MOVIMENTOS UTILITÁRIOS

As primeiras ações de tipo utilitário que o homem realiza em sua infância perseguem a finalidade de alcançar e aproximar-se de elementos com o objetivo de alimentar-se.

No começo, os movimentos não diferem dos de caráter orgânico mais do que no motivo, ainda que a direção esteja estimulada por um fator externo.

■ A EDUCAÇÃO PELA DANÇA ■

As ações são também bidirecionais e, não estando educados nem o ritmo nem o grau de energia, os movimentos continuam sendo excessivamente rápidos e fortes, mesmo quando a força e a velocidade não são necessárias. Em troca, os gestos passam a ser isolados, e cada extremidade torna-se independente da outra; as condições de grupais e simultâneos da etapa anterior evoluíram, mesmo que não a velocidade e a energia.

Voltando a comparar essa primeira etapa de evolução com a do estudante em suas primeiras experiências, vemos que a pessoa que se inicia na dança faz, em geral, um desgaste de energia muito superior ao necessário, sendo-lhe muito difícil desvincular os movimentos ou posturas de uma só extremidade. Se faz uma rotação da articulação do fêmur para conseguir uma primeira posição, também a faz com o ombro; se flexiona um joelho, o outro se dobra simultaneamente.

Observamos a mesma semelhança na velocidade, fator que o professor deve vigiar permanentemente. Conseguir um movimento lento, que dure dois compassos em sua execução, é uma conquista para a qual o professor de dança deve realizar um pequeno combate cotidiano. O *plié* em quatro tempos, primeiro movimento que se ensina, é, na docência, a mais desalentadora das experiências. Do mesmo modo, quando ao aluno são dadas situações, temas ou argumentos para uma pequena composição, ele geralmente os resolve com um número irrisoriamente curto de compassos.

Em 16 compassos de dois tempos, cada um é capaz de desenvolver uma história de amor, ciúmes, morte e ressurreição.

Mas voltando à primeira infância, depois dessas precoces ações ainda incontroladas de que falei, vem uma etapa de contemplação, de observação do mundo circundante, e então aparecem os movimentos sustentados que, embora não se diferenciem dos outros em sua finalidade, estão muito mais controlados e adequados ao peso do objeto, à sua mobilidade e à sua posição.

Conquistada essa habilidade, começa a sentir-se a necessidade de alcançar objetos mais distantes, e é nesse momento que se chega ao translado ou à locomoção. A necessidade de transladar-se de um ponto a outro do espaço origina a ação de caminhar, que mais adiante deriva na de correr, saltar quando sobrevém um obstáculo, escalar se o obstáculo é muito alto, trepar se o que se deseja está em cima e arrastar-se se o espaço é de altura reduzida.

Na vida cotidiana do homem civilizado, trepar, escalar, arrastar-se, saltar e ainda empurrar ou arrastar são ações muito pouco comuns e em alguns casos completamente desaparecidas; por isso, transformam-se em movimentos de extrema expressividade que o coreógrafo deve manejar, no entanto, com suma prudência, pois precisamente ocasionam um verdadeiro clímax na representação.

Para chegar a esse clímax, é necessária uma progressão dramática no desenvolvimento da dança, e é isso que geralmente o coreógrafo novato não maneja com sabedoria e, assim, vai saltando de uma intensidade alta a outra de iguais proporções, caindo às vezes no ridículo.

MOVIMENTO INVOLUNTÁRIO

Um tipo de movimento sumamente expressivo é o movimento involuntário que aflora em forma instintiva sem que tenhamos domínio sobre ele.

Quase sempre são reações ditadas pelo instinto de conservação, tais como saltar para evitar o perigo de um choque, ataque ou golpe de um objeto à deriva. Esses tipos de movimento possuem um acento inicial.

Proteger o rosto ou outra parte do corpo, ou manifestar dor levando as mãos à zona dolorida são movimentos de acento final; bocejar ou espreguiçar são tipos de movimento com acento central.

O acento de um movimento é um elemento de extrema expressividade; mudando o acento lógico, um gesto comum se tinge de uma carga secundária que o transforma em expressivo.

Assinalar, por exemplo, é um gesto de acento final; se ele é posto no começo, adquire certa qualidade de desafio, como se com ele se tratasse de confirmar algo que outros tivessem posto em dúvida; se ele é colocado no meio, adquire um tom de suficiência e ostentação.

Retirar algo tem acento inicial; se este se desloca para o final, adquire a qualidade de arrebatar; se para o meio, deduz-se que se quer chamar a atenção sobre si mesmo mais do que sobre o objeto.

As chamadas danças de caráter têm em geral um acento final; as do balé romântico, um acento inicial que salienta o impulso para o alto; as danças cortesãs, que destacam a elegância do movimento, têm acento médio.

São igualmente involuntários os movimentos provenientes de uma mudança no ritmo respiratório: o choro, o riso, o suspiro e aqueles provocados por sensação tátil ou emotiva, como o tremor e o calafrio.

Também na rubrica de involuntários poderíamos colocar aqueles movimentos provenientes de acidentes do movimento voluntário, como tropeçar, escorregar, cair, chocar, enganchar-se.

O tropeçar acontece por distração, preocupação, pressa ou nervosismo; regra geral, a pessoa que tropeça reage com raiva que se projeta primeiro

■ A EDUCAÇÃO PELA DANÇA ■

contra ela mesma; depois, contra o objeto no qual tropeçou; por último, contra ele ou os causadores de que esse objeto tenha estado no caminho.

A consequência costuma ser dolorosa fisicamente; além disso, acrescenta transtornos, como estragar os sapatos, quebrar objetos que se levam nas mãos ou derramar seu conteúdo.

A raiva ou o rubor fazem que, tão logo se exagere a dor ou a moléstia para enfatizar a dramaticidade da situação, ou bem simulemos indiferença ou bem ríamos em uníssono com o espectador ocasional.

É que a pessoa que tropeça move o riso; esse contrassentido provém do fato de que se considera o tropeço um autocastigo por distração, pressa e nervosismo, além de pôr a descoberto certa torpeza.

Por essa razão os cômicos utilizam muito o tropeçar como recurso eficaz para romper a frieza do público, pois, uma vez unidos espectadores e artistas na primeira gargalhada, o gelo se quebra e a hilaridade flui com facilidade.

Muito mais difícil é provocar o choro usando a torpeza. Alphonse Daudet magistralmente o conseguiu em *Cartas de meu moinho* (O cântaro). Para isso, valeu-se do mesmo caudal de ternura que exploram os domesticadores dos circos quando fazem que o último dos animaizinhos nos produza o riso, ao reagir com certa lógica predileção pela comodidade que contrasta com a dócil habilidade dos outros à exigência do domador.

Tal afetuosa compaixão pelo ser torpe provém de um desdobramento do leitor ou ouvinte, que equipara a natureza desse indivíduo com seus próprios momentos de torpeza, as primeiras experiências da infância e da juventude e a sensação de ser vítima das brincadeiras de um espírito travesso.

Relacionada a essa sensação, recordo uma história ouvida nas aulas de folclore do professor Bruno Jacovella: "É comum em nosso interior acontecer com meninas de torpeza mais acentuada que outras se tornarem vítimas das brincadeiras de um duende que vira os objetos, fá-los cair, quebrar ou bater; um dia a família decide mudar-se no maior sigilo, para afastar a jovem de tão funesta influência; preparam as coisas, carregam o carro e, quando este vai se distanciando, o duende levanta a cabeça por entre os objetos empilhados e grita: 'Adeus, estou de mudança'". Assim seguramente deve acontecer, já que o duende é apenas a personificação da inexperiência e da ilusão próprias da juventude.

Quando o tropeçar está relacionado a uma cena dramática, ele se torna um elemento muito eficaz para agudizar o clima de suspense.

Imaginemos que o herói de um filme trata de escapar a uma situação difícil. Se nesse momento a câmera enfoca algum objeto em que inevitavelmente o protagonista tropeçará ou enganchará seu pé, todo o público prenderá a respiração até que o transe tenha sido superado ou a desgraça realizada. O espectador terá a sensação de que a personagem caiu em uma armadilha do destino e equiparará esse acidente a suas próprias e similares experiências.

ESCORREGAR

A ação de escorregar resulta menos cômica que a de tropeçar, possivelmente porque está associada em nossa mente a situações mais inevitáveis e funestas.

Quase sempre o escorregão nos faz sentir o princípio de uma queda para trás. Nesse tipo de queda é quase impossível a ação protetora das mãos e, quando se cai para trás, não se pode ver o lugar em que o corpo vai bater; a isso se acrescenta o conhecimento do perigo que representa um golpe na nuca.

Com a contemplação desse acidente o espectador revive a vertigem de ser conduzido pendente para baixo, sensação que equivale ao processo destrutivo do tempo, ao envelhecimento e à senilidade.

Estar sobre um terreno escorregadio é sempre uma experiência perigosa e atemorizante.

Como efeito cômico, é muito menos utilizável o escorregar que o tropeçar, e se o transe é superado com elegância causa admiração pelo domínio muscular de quem foi o protagonista do feito.

Está mais ligado ao inevitável, surpreendente e astucioso que ao torpe e ao castigo que o tropeçar representa.

CAIR

O ato de cair implica sempre uma perda do equilíbrio, que pode ser por falta de saúde, enjoo por doença ou embriaguez, ou erro de cálculo em uma ação perigosa.

A queda está sempre ligada à desgraça e sua consequência inevitável é a destruição parcial ou total. Por isso o desportista, ao deixar-se cair voluntariamente num salto com garrocha ou em um mergulho, coroando ileso e vitorioso a façanha, desperta a admiração.

Do mesmo modo, admiramos o dançarino que cai elegantemente depois de um salto, dando a impressão de descer de um voo (essa ação tão impossí-

■ A EDUCAÇÃO PELA DANÇA ■

vel quanto cobiçada pelo homem); em troca, se o faz pesadamente, provoca hilaridade, proveniente do contraste entre a intenção pretensiosa e o insucesso delator.

A inevitabilidade da queda como experiência repetida no transcurso da existência fez que equiparássemos esse acidente com o brusco aperceber-se da realidade, usando para tanto expressões gráficas como: "cair em si", "cair das nuvens", "cair em desgraça", "cair mal" ou "cair simpático".

A queda como final de uma dança é de grande efeito, ainda que não aconselhável por ser algo muito direto e de pouco refinamento ou pouca qualidade, especialmente se acontece como culminação de um crescendo de intensidade e/ou velocidade.

A queda durante o transcurso de uma dança tem sido muito utilizada pelos criadores da dança moderna; seu valor, tanto técnico como expressivo, é obtido quando o corpo apenas roça o solo, para recuperar seu estado de equilíbrio antes que o espectador tenha terminado de experimentar a sensação de queda.

Para uma análise séria do valor da queda, devemos partir da base conceitual de que o equilíbrio perfeito é estático e, por essa razão, é a negação do movimento; todo movimento é um princípio de queda e toda dança é uma sucessão de compensações entre perda e recuperação do equilíbrio.

CHOCAR

O choque é a consequência de duas energias ou, ainda, de energia contra um obstáculo.

Se o obstáculo é mais forte que a energia, triunfa; se a energia é superior, o primeiro é aniquilado.

A visão do choque físico se relaciona com experiências de encontro, quer seja entre tradição e renovação, quer seja desordem contra ordem; sintetizando: positivo contra negativo.

O choque entre duas energias opostas quase sempre expressa luta (o bem contra o mal), cobiça ou desafio de ambos os opositores.

Quando um fraco modesto derrota um forte fanfarrão, o espectador sente um tipo de compensação por suas próprias debilidades; daí vem nosso grande prazer com as cenas do mimo Marcel Marceau em *Davi e Golias*.

Em geral, a dança é um choque permanente de energia: a) contra a matéria, sendo esta o espaço que não oferece nenhuma resistência; b) contra a gravidade; e c) contra o solo, efeito muito utilizado nas danças folclóricas.

35

ENGANCHAMENTO

O enganchamento é o encontro involuntário (em caso acidental) de duas energias ou de uma energia contra um obstáculo. Como ação voluntária é muito utilizada nas danças folclóricas ou populares: tarantela, czardas, dança apache, *rock*, carnavalito, todas muito exultantes. Também se manifesta em forma elegante nas cadeias das quadrilhas e de nossa meia *caña*, ou simbólica sem contato físico em *panaderos* e *sevillanas*[2].

OUTROS MOVIMENTOS INVOLUNTÁRIOS

Um tipo de movimento involuntário que nasce de uma desordem respiratória é o soluço, contração diafragmática que sempre provoca o riso, até naquele que está dele padecendo.

A reação provém da inevitabilidade do movimento, totalmente inexpressivo, porém tão igual às contrações provocadas pelo choro, pelo riso e sobressalto; daí sua visualização ser sempre de efeito cômico, pelo incômodo inevitável, e suas consequências, benignas. Temos também o tremor, delator do frio, terror, nervosismo, doença ou velhice, e a tosse.

MOVIMENTOS DE IMITAÇÃO

Mesmo na primeira infância, em que ele ainda não atingiu a capacidade imitativa, o homem já obedece a certos estímulos.

Começa a seguir o movimento de objetos que, em geral, lhe são mostrados, especialmente se fazem ruído, como os chocalhos e brinquedos de chaves, e imediatamente trata ele mesmo de fazer ruído. Nesse momento nasce a primeira imitação.

Depois bate palmas, copiando o movimento tão tradicional de "bater palminhas", e outros gestos acompanham estribilhos dedicados aos bebês que se transmitem de uma a outra geração.

Na história da dança, o movimento imitativo é de enorme importância, pois a primeira dança organizada do homem originou-se na magia imitativa e teve por modelo a própria natureza. Assim, para que as messes alcancem tamanhos elevados, saltará o mais alto possível, ao passo que, para fecundar a

---

2. *Caña*: dança argentina de origem andaluza, como está indicando a autora, referindo-se aos *panaderos*, antiga dança espanhola, uma espécie de sapateado, e às *sevilhanas*, canto e dança populares de Sevilha. A palavra *caña* designa um tipo de canto popular que muito se usou em Andaluzia. [N. T.]

■ A EDUCAÇÃO PELA DANÇA ■

terra, a golpeará fortemente com os pés, como para na terra penetrar à maneira de semente.

Mais tarde a dança passará da imitação direta ao simbolismo abstrato.

Nos casos em que a impossibilidade de comunicação oral nos obriga a utilizar o movimento como meio para nos fazer entender, recorremos em grande parte ao gesto imitativo, quer em estado puro, quer em estado simbólico.

Os gestos imitativos a que nos referimos significam, regra geral, a reprodução algo sintetizada e, ao mesmo tempo, ampliada de movimentos utilitários ou dos objetos que se empregam nesse fazer cotidiano.

Quando uma mãe se despede de sua filha e lhe dá as últimas recomendações na plataforma da estação de trem ou da rodoviária, estando o vagão ou o ônibus hermeticamente fechados, seus conselhos costumam ser sempre os mesmos: "escreva-me" e o gesto imita a ação de escrever a mão, mesmo que normalmente o faça a máquina; "telefone-me" e move a mão em forma circular próxima da orelha, imitando de uma só vez o movimento que se utilizava nos primeiros tempos do telefone à manivela, e o movimento de aproximar o tubo transmissor ao ouvido; "alimente-se bem", e junta os dedos levando-os à boca como nos tempos em que o garfo ainda não estava em uso; "descanse", e junta as palmas das mãos apoiando a face no dorso de uma delas como se fosse uma almofada.

GESTO EXPRESSIVO ESPONTÂNEO

Muito semelhante ao anterior, este gesto se realiza sem real necessidade, por utilizar um elemento que agrega ênfase à conversa.

Esses movimentos, que também evocam ações, sofrem um processo de síntese e estilização, e podem ser encontrados em algumas danças que, desde a mais distante antiguidade, passaram a fazer parte do acervo folclórico dos distintos países e, a partir deste, a integrar muitos jogos infantis, com suas transformações de época e ambiente derivadas do processo cultural e das características geográficas.

No começo da Idade Média, na França, a dança foi considerada escandalosa e proibida em palácios, templos e praças públicas, tendo buscado então refúgio nas aldeias.

Os aristocratas iam de bom gosto dançar com os camponeses, que sentiam predileção pelo *branle*. Nessas danças eram imitados os movimentos de trabalhadores: Branle do Sapateiro, do Padeiro e das Lavadeiras; neste último, golpeavam-se as mãos uma contra a outra, imitando os movimentos de golpear com a trouxa de roupa na tábua de lavar. Quando essa dança chegou até nós, na forma de ronda infantil (as crianças continuam sendo os melhores conservadores do folclore), os movimentos da ação de lavar já haviam sido substituídos pelo de esfregar a roupa sobre a tábua. Caberia perguntar se, com o tempo, as crianças imitarão os movimentos da máquina de lavar roupas, uma vez que os movimentos de sua manipulação carecem do ritmo harmônico dos antigos movimentos de trabalho.

No fim da Idade Média, quando irrompe nos cemitérios a *Dança macabra*, os dançarinos arremedam com seus movimentos todos os trabalhos ilegalmente realizados durante os dias de festa.

Voltando ao gesto expressivo espontâneo, já desvinculado da dança, enumeraremos alguns: a *sova*, movendo repetidas vezes a mão de cima para baixo e vice-versa, como golpeando com o canto; *rechaçar*, colocando as mãos com as palmas adiante como que para empurrar para a frente; *pontuar*, movendo o dedo indicador para baixo e golpeando a palma da outra mão ou qualquer superfície; *admoestar*, também com o índice estendido, mas para cima e imprimindo-lhe um movimento de vaivém a partir de alguém para o interlocutor e vice-versa; *ameaçar*, com o indicador estendido para cima, fazendo vibrar todo o braço; *roubar*, movendo os dedos como em leque; *malhar*, igual ao da sova, mas com movimentos muito menores e rápidos ou, caso seja uma ideia, golpeando as têmporas com o nó dos dedos.

Às vezes o movimento torna-se estilizado e chega a aproximar-se do simbólico, como os gestos de: *chamar*, aproximando a mão do corpo com a palma para cima; *silêncio*, cruzando o indicador sobre os lábios um pouco avançados; *nada mais*, separando as mãos com as palmas para baixo; *monotonia*, descrevendo círculos com a mão frouxa a partir do pulso; *persegue-me uma ideia*, fazendo girar o indicador próximo da fronte; *satisfação*, esfregando-se as palmas das *mãos*; *ira contida e vingança*, com um movimento como o de lavar as mãos; *pôr as cartas na mesa*, golpeando o dorso de uma mão contra a palma da outra; *que me importa*, encolhendo os ombros manifestando indiferença ou desconhecimento; *fastio*, levantando a mão por sobre a cabeça com a palma para dentro; *estupendo*, alisando o bigode; *dinheiro*, esfregando o dedo polegar contra o médio ou o indicador; *caminhar*, baixando e subindo alternadamente as mãos com as palmas frente a frente; *sair perfeitamente (ou redondo)*, unindo as pontas do polegar e do indicador em forma de círculo. A lista é interminável.

Em uma última etapa, o gesto expressivo espontâneo chega a um convencionalismo quase internacional, que pode ser compreendido mesmo que separado da conversa: *adeus*, dar as mãos, ondeá-las; *correr ou dar-se pressa*, agitar

■ A EDUCAÇÃO PELA DANÇA ■

a mão de cima abaixo e vice-versa; *num abrir e fechar de olhos*, estalar os dedos; o já mencionado de *satisfação*, *pôr as cartas na mesa*, *que me importa*, *fastio*, *negar*, girar a cabeça da esquerda para a direita e vice-versa ou mover a mão de um a outro lado com o indicador elevado; *que estás fazendo?*, com os extremos dos dedos unidos para cima; *nem bem nem mal (regular)*, com a palma da mão para baixo inclinando-a para a esquerda e para a direita; *lá sei eu?*, passar o dorso da mão embaixo do queixo; *estar louco*, girando o indicador contra as têmporas ou golpeá-las com o indicador; *estar farto*, assinalar o nível da frente com a mão; *afirmar ou aceder*, mover a cabeça verticalmente.

Todos esses gestos expressivos espontâneos são células pantomímicas que, desenvolvidas, podem chegar a ser uma forma artística da expressão corporal e, ainda, integrar-se na dança artística.

A pantomima tradicional faz uso de movimentos convencionais que em determinada época foram também incorporados na dança do gênero "ballet": a mão descrevendo um círculo ao redor do rosto, por exemplo, significa uma mulher bonita; as mãos sobre o coração, estar enamorado; a mesma postura com um joelho na terra, declaração de amor.

O que é necessário para que essas formas primitivas da expressão pelo gesto cheguem à categoria de dança artística?

Estando já dada pelo costume a condição de síntese, ao coreógrafo resta elaborar a análise, o desenvolvimento, a oposição, a transferência a outras partes do corpo, exagerar e sugerir a reiteração, reexposição, interrupção e todo tipo de variantes em ritmo, linha, energia e velocidade.

Depois dessa análise, voltamos a colocar ao interrogante a questão "para que ou por que dançar" e descobrimos que a resposta encerra uma série de necessidades que abarca as ordens física, mental e espiritual.

Do ponto de vista físico, a vida civilizada desenraizou todos os movimentos naturais que são vitais e necessários ao ser humano para seu desenvolvimento e a conservação da saúde.

A educação, por sua vez, buscando uma idealização do ser humano, fixa códigos herméticos de controle para os instintos: a pessoa bem-educada não deve manifestar fome, mesmo diante de uma mesa bem servida, nem sono na mais tediosa das situações; a elegância está em luta com a roupa confortável e, em Buenos Aires, as pessoas preferem tomar chuva a carregar um guarda-chuva; correr diante da iminência de um perigo é ridículo porque enfrentá-lo é conduta de heróis; quem ganha ou perde no jogo de salão deve fazer cara de indiferença, mesmo que tenha vontade de gritar raivosamente ou de rir às gargalhadas.

A incontível ambição de poder econômico e social também ditou suas leis implacáveis: falar aos gritos e gesticular com eloquência são atos próprios dos camponeses que dirigem a palavra em campo aberto, onde a distância e os ventos conspiram contra a boa audição; ou de operários, já que o estrondo do trabalho torna necessária a compensação do som. O caminhar sobre pisos encerados ou atapetados tornou-se cuidadoso, fato que foi crescendo à medida que a dimensão das habitações diminuía, tornando-se a ação molesta para os vizinhos.

Os movimentos do homem ficaram, pois, reduzidos a esquemas do menor esforço, que trazem muito pouca compensação mesmo sendo esgotantes. Não é que o esforço de manter o equilíbrio em um meio de transporte atulhado de passageiros seja superior ao de cruzar essa distância no lombo de um cavalo (talvez não), em todo caso ele é muito menos gratificante.

Os movimentos que diariamente realizamos são todos de caráter utilitário e, mesmo que estejam estruturados dentro do esquema total de ordem social, a relação de um ser para outro é fria e, às vezes, até perversa.

Reduzido a uma vida em que na maior parte do tempo se ocupa de afazeres que lhe são monótonos e terminam por tornar-se odiosos, o homem reage contra seus semelhantes descarregando seu mau humor e cevando sua ambição.

A ginástica é um meio de compensar a deficiência do movimento na ordem do físico, mas à maioria das pessoas ela é tediosa. O desporte, algo mais entretido se realizado geralmente ao ar livre, é quase sempre desequilibrado como exercício físico; por outro lado, em seu desenvolvimento a ação competitiva adquiriu um lugar primordial no esporte.

A dança viria, pois, trazer uma compensação física no sentido de movimento de todo o corpo, fornecendo a possibilidade de descarga de tensões. Do ponto de vista social, unir um grupo de indivíduos que em um mesmo momento se dedicam de forma total a essa atividade redescobre a beleza do movimento e dá livre expansão ao voo lírico, permitindo uma atividade talvez fisicamente esgotadora, mas animicamente refrescante, que não persegue finalidades utilitárias no material, nem competitivas na relação dos seres.

Por isso, amemos a dança, por isso devemos dançar.

2

O QUE DANÇAR

INTRODUÇÃO

Tudo na vida é movimento: o universo move seus sistemas; e cada sistema, seus sóis, suas estrelas, seus planetas e seus satélites.

As estações se sucedem ritmicamente, assim como o dia segue a noite, e a lua ao sol.

A vegetação evolui em ciclos rítmicos, sobem e baixam as marés, o ser nasce, cresce, decresce e morre.

O homem é testemunha e partícipe de todo esse movimento que o maravilha e expressa em danças seu assombro, sua necessidade de compreensão.

Tudo que é já foi dançado, tudo que foi já se dançou e, talvez sem percebê-lo, tudo que há de ser já o dançamos.

O que o homem dançou em outras épocas, por que e para que, onde, como e para quem, qual é sua dança atual nos distintos pontos de nosso planeta?

Mediante esta sintética revisão da história da dança, que localiza tanto sua função na sociedade como a ocasião e os lugares de seu desenvolvimento, as distintas características de suas formações e evoluções espaciais, os tipos de movimentos em desenhos, o grau de energia, a velocidade, o uso da gravidade, o acento, a fluidez, assim como a importância dos ornamentos e adornos, quisemos chegar a um estudo comparativo de todas essas formas para auxiliar uma maior compreensão.

Essa compreensão aplanará o caminho para a valoração pessoal da arte da dança, de suas distintas manifestações, da qualidade criativa e interpretativa dos espetáculos.

Além disso, pensamos que uma familiarização com a análise de gêneros, estilos e escolas dentro do que é a dança da atualidade pode ser orientadora para o estudante de hoje, futuro intérprete, criador e professor que deseja escolher seu próprio caminho, sem deixar de apreciar todas as demais formas e admirá-las quando forem legítimas e belas.

A DANÇA DESDE A PRÉ-HISTÓRIA

Antes de ascender a um palco para fazer-se dança artística teatral, o movimento dançado foi primeiro transbordamento emotivo, manifestação desordenada de temores, afetos, iras e recusas, sem outra organização que a imposta pela própria estrutura do corpo e, possivelmente, sem outra particularidade que não uma apaixonada atração pelo ritmo.

Logo passou a ser sucessivamente conjuro mágico, rito, cerimônia, celebração popular e, por fim, simples diversão.

Em todas essas etapas, a função da dança não é ser espetáculo artístico; portanto, as leis que regem essas formas de dança são completamente distintas das do gênero balé, termo com que se conhece principalmente o espetáculo de dança clássica, e também do gênero recital, título que recebem os espetáculos de dança moderna.

À primeira época, caracterizada por movimentos impulsivos, produto da necessidade de canalização de seu excesso de energia, sucede um período de adaptação ao grupo. O homem passou a compreender que, vivendo e trabalhando em conjunto, obtinha resultados mais satisfatórios que os proporcionados por seu esforço isolado. Ao sentir-se progressivamente parte de um núcleo, seus sentimentos começaram a adequar-se a essa organização que, por um lado, lhe impunha restrições e, por outro, lhe estimulava em sua atividade.

Suas necessidades e desejos individuais foram assimilados pelos do grupo, e sua dança adaptou as características de movimento coral, julgados pelas aspirações da comunidade.

Nessa primeira forma, como ainda uma manifestação de caráter étnico, é quando a dança mais se parece com a "expressão corporal", nova matéria artístico-recreativa, que foi ganhando terreno na educação.

Com efeito, nesse primeiro período o homem busca na dança não apenas invocar as forças da natureza para demonstrar-lhes, mediante o gesto, quais são suas necessidades mais prementes, mas também para mostrar-se convencido da influência que, por força de sua dança, adquire sobre os fenômenos naturais, para obrigá-los a atuar segundo seus desejos e necessidades.

Baseando-se na ideia de que o igual atrai o semelhante, imita aqueles feitos que constituem sua necessidade mais imediata; assim, imitando o trovão mediante o girar no solo acompanhado do rufar de tambores e dando golpes na terra acarretará a chuva, necessária para saciar a própria sede e para as plantações. Se, por outro lado, o que necessita é da parada da chuva, irá provocá-la com ventos que a distanciem, criando-os por meio do balanceio rítmico de leques fabricados com folhas de palmeira.

Se o que deseja é que o sol brilhe por mais tempo, postergando a chegada das chuvas, a fim de dar-lhe maior margem para a colheita, realizará danças

■ A EDUCAÇÃO PELA DANÇA ■

ao redor de uma fogueira e saltará ou caminhará sobre ela para conseguir poder e domínio sobre esse elemento, similar ao sol em luz e calor.

Na dança imita as fases da lua para que esta influa beneficamente sobre as mulheres grávidas, as fêmeas prenhes e as sementes.

Na puberdade dança, sem descanso, durante numerosos dias e noites consecutivos, para que essa força e esse poder lhe acompanhem durante sua juventude e maturidade, transformando-o em bom guerreiro, caçador, agricultor e progenitor.

Nos sacrifícios dança-se para satisfazer os deuses; dança-se ao redor dos anciãos para que transmitam sua sabedoria; dança-se ao redor dos enfermos para afugentar seu mal e ao redor dos mortos para que seus espíritos, satisfeitos, se afastem.

A dança imita os passos dos animais com o fim de atraí-los ao perímetro de tiro e simula também seu acasalamento, para que se multipliquem as espécies.

Na dança faz-se a mímica do combate e da vitória, a posse da mulher pelo homem e da terra pelo lavrador.

Dançando, joga-se água sobre as jovens para torná-las fecundas e sobre o solo para torná-lo fértil.

Dança-se no casamento, raptando a noiva, dança-se ao redor das novas habitações, da árvore que dá amparo e do berço que há de abrigar os novos seres.

Para o homem primitivo não existe a divisão entre religião e vida, a vida é religião, sua dança é a vida, é uma ação derivada de sua crença.

O homem evolui e com ele a dança, tanto em seu conceito como na própria ação de mover-se e no desenho espacial. Essa forma vai revelando, através da história, a mutação social e cultural e a relação do homem com a paisagem, marco geográfico que lhe impõe distintos modos de vida.

Não é possível reconstruir hoje as primeiras danças do ser humano partindo da teoria de um grupo nômade, cuja alimentação baseava-se naquilo que encontrava nos lugares por onde passava e cuja habitação era a caverna natural que lhe protegia tanto das inclemências do tempo como do ataque das feras.

Não se encontra em nossa época nenhum grupo humano nessa etapa nômade; as únicas organizações transumantes que ainda se podem estudar são as dos ciganos.

Uma singularidade das organizações ciganas é a de não possuir nenhuma dança própria. Em troca, ao instalar-se a tribo em um país, assimila a dança dos naturais e a representa com certas peculiaridades que lhe dão realce.

A parte que cabe aos ciganos na dança local consiste no desembaraço e na altivez do porte, nos movimentos femininos dirigidos para atrair os olhares masculinos pela insinuação; nas agitações das mãos em forma de rápido adejo. Também a vibração, às vezes rítmica e pausada, e outras veloz, dos ombros e manejos graciosos e discretos de saias, xales ou lenços.

As modalidades ciganas resultaram muito atrativas para os camponeses dos lugares nos quais os ciganos se estabeleceram e as imitaram a um ponto tal que, com o tempo, chegaram a confundir-se com elementos intrínsecos das danças folclóricas.

Esse é um fenômeno de intercâmbio ou influência que acompanha a história da dança até nossos dias e, embora seja comum a todas as demais manifestações culturais, acentua-se no caso da dança porque seu ensino está baseado quase exclusivamente na imitação e na instrução direta de pessoa a pessoa.

FORMAÇÃO

A primeira formação do período étnico foi sem dúvida a organização circular, colocando homens e mulheres sem ordem preconcebida até fechar a roda.

Não podemos ter dúvidas sobre a antiguidade da formação circular para a dança; ela já é encontrada entre os animais superiores.

Em sua *História universal da dança*, Kurt Sachs transcreve as informações do psicólogo Wolfgang Köhler sobre a dança de roda circular ou elíptica dos grandes antropoides.

Nessa formação desenvolve-se a primeira dança do homem, que não é nesse nível uma atividade a ser realizada, mas uma forma de viver, um sinônimo da vida em seus mais elevados estados de amor, trabalho e religião, que em sua mente estão estreitamente inter-relacionados e fundidos.

Os exorcismos e encantamentos exigem que esse círculo seja muito fechado, tanto para que não possam evadir-se os espíritos invocados como para que não penetrem forças negativas do exterior.

Para obter esse hermetismo do círculo, os dançarinos seguram fortemente as mãos, os cotovelos ou os polegares uns dos outros.

Um primeiro passo na evolução da forma dançada é deixar uma fissura no círculo, precisamente para que agora os espíritos benéficos possam entrar, ao mesmo tempo que os maus encontram uma abertura por onde fugir.

Costuma acontecer de o indivíduo mais dotado para alcançar o poder de êxtase, aquele que mais rápida e profundamente entra no transe que o transforma no intérprete das forças naturais e dos deuses, saltar dentro do círculo e ser animado em suas evoluções e contorções pelos demais dançarinos.

■ A EDUCAÇÃO PELA DANÇA ■

Nascem nesse momento o primeiro germe de solista e a base do espetáculo, com um indivíduo que atua, enquanto outros observam e acompanham.

Curiosamente, nessa forma tão primitiva dão-se os dois elementos aos quais o teatro moderno recorreu como renovação e salvação da arte dramática: o teatro circular e a participação ativa do espectador.

O que foi dito deve ser entendido com referência ao formal, não ao conceptual, já que na mente do homem primitivo não há linha divisória entre o real e o simbólico. Por meio do uso da máscara, o dançarino procura captar e assumir a personalidade de outro ser, ou o poder mágico do deus cuja fisionomia adota, de modo que mesmo em uma organização posterior em que muitas tribos começam a ter dançarinos profissionais, cuja única ocupação é a de dançar nas cerimônias, sua função é a de sacerdote, não a de palhaço.

Em dado momento da história, o número de dançarinos chega a ser insuficiente para cobrir com sua magia todas as zonas que devem ser protegidas e beneficiadas pelo conjuro coreográfico.

Então, abre-se o círculo, dando nascimento à formação em cadeia, que vai cobrindo em seu ambular todas as zonas necessárias. É de imaginar que os espaços que o dançarino deve transmitir com seus movimentos são, nesse período, sumamente amplos; no entanto, não economiza seu esforço por meio de um traçado direto, mas, pelo contrário, a cadeia move-se em forma serpenteante. Esse desenho, que faz arcos e ondula em curvas surpreendentes, tem por função desorientar os maus espíritos que, dessa maneira, não poderão somar-se aos dançantes.

A essa altura da evolução coreográfica aparece o guia, que conduz o restante dos dançarinos. Como o guia deve manter sempre um alto grau de energia com a finalidade de arrastar com seu esforço e com seu exemplo os demais participantes, ele costuma alternar-se com outro no momento em que lhe invade o cansaço.

O guia nunca deve dar mostras de fadiga, de modo que trocará seu lugar com o do dançarino seguinte; ao fazê-lo, passar-lhe-á um elemento simbólico da finalidade da dança, o qual vai agitando em sua mão livre.

Com o tempo, quando essas formas coreográficas passaram a fazer parte do folclore, o elemento simbólico foi substituído por um lenço.

As tribos vão se organizando e, à medida que isso acontece, uma observação atenta da natureza dá como consequência a distinção de funções mais apropriadas ao homem e à mulher.

Com base nessa distribuição de funções, começam a diferenciar-se danças de exclusiva participação feminina e outras masculinas.

As danças solares, assim como as de caçadores e guerreiros, serão realizadas doravante pelos homens; as lunares, em contrapartida, de influência na agricultura, pelas mulheres.

Também as danças de roda coletiva sofrem uma mudança: daí em diante, as formações alinhar-se-ão de maneira alternada: um homem e uma mulher. Dessa organização chegar-se-á à dos círculos concêntricos, um de homens e outro de mulheres, que vão passando sucessivamente da roda interior à roda exterior e vice-versa.

A formação coreográfica que aparece em seguida é a processional ou de desfile. Este se realiza no início com os indivíduos fundidos no todo e, mais tarde, em parelhas.

Quando a dança passa a ser realizada em duas linhas frente a frente, uma de homens e outra de mulheres, já está em condições de efetuar-se em recintos fechados, posto que o avanço da cultura não erradica as manifestações coreográficas anteriores, mas as transforma e as adapta às novas maneiras de vida e conduta.

Das linhas frente a frente de homens e mulheres à constituição de pares independentes há apenas um passo, mas decorrerão alguns séculos antes de esse passo ser dado.

QUALIDADE DOS MOVIMENTOS

Analisadas já a motivação e a forma coreográfica das danças, resta-nos fazer um estudo sumário dos movimentos.

Temos em primeiro lugar os movimentos convulsivos de pernas, braços e cabeça, que, ao levarem a dança a seu clímax, quando o dançarino alcança um estado de êxtase, transformam-se em um tremor que pode abarcar a totalidade do corpo ou localizar-se em parte dele.

Para Kurt Sachs, esse tipo de movimento é característico das culturas xamânicas, quer dizer, daquelas religiões cuja crença é a de que os espíritos se expressam por meio do feiticeiro ou do médico bruxo.

Outras danças, de caráter suave, desenvolvem-se com movimentos de balanceio. Algumas imitam o movimento dos animais e incluem a improvisação. Outras, também pantomímicas, são de caráter erótico.

Há também danças na posição de cócoras, de salto, de salto de cócoras; há danças ondulantes, abdominais e de contorção.

Existem danças de giro e danças de pulo, de bater palmas e de patear; as diferenças são múltiplas, tanto como as crenças e as necessidades, mas dois

■ A EDUCAÇÃO PELA DANÇA ■

fatores são comuns a todas as variedades: o ritmo repetido, obsessivo, e o êxtase, que, em alguns casos, chega ao frenesi, enquanto em outros é uma entrega ao movimento, mantendo o domínio sobre si.

INDUMENTÁRIA

Os vestuários utilizados pelos dançarinos são totalmente funcionais; eles se adornam para assumir a figura de seus deuses vegetais ou animais; sobem em pernas de pau para adquirir uma altura que de imediato simboliza estatura humana, quando sua dança é em solicitação de descendência forte, ou vegetação frondosa, quando se deseja altura nas messes.

Seus vestuários nunca influem sobre sua dança; pelo contrário, são criados para servi-la.

AS ANTIGAS CULTURAS

Os anos passam e o transcurso dos séculos vê as tribos se transformarem em nações.

Estas vão diferenciando suas culturas e em cada cultura a sociedade vai-se separando em duas classes: uma dirigente e uma dirigida. A classe dirigente é integrada por três castas – os governantes, os sacerdotes e os guerreiros – que utilizam a dança como instrumento para preencher sua função.

Nesse momento da história, a dança faz-se hermética e regulamentada; é uma manifestação realizada por especialistas e dedicada aos iniciados. Acentua-se seu caráter de espetáculo, cujos elementos codificados são domínio de pessoas ampla e pacientemente preparadas para essa ocupação.

Os espetáculos são privilégio quase exclusivo da classe dirigente, e o povo só tem acesso a eles na medida em que essa classe o considere conveniente.

Apesar da unidade de conceito quanto à aristocratização da dança, à codificação dos movimentos e à especialização dos executantes, as diversas culturas produzem feitos artísticos muito diferentes: muito mais distanciados em significação, forma e distribuição de graus que as manifestações populares espontâneas.

Índia

Na Índia, as dançarinas sagradas formavam uma classe especial, uma casta detentora de privilégios e liberdades que não tinham as demais mulheres, pertencentes a outras divisões da sociedade hindu.

Devadasi (esse é o nome que recebiam) significa "serva de Deus".

Uma *devadasi* era uma mulher consagrada a um deus ou a um templo. Além de dançar, tinha o dever de cuidar dos lugares sagrados, limpar os utensílios utilizados pelo sacerdote para a oração, lavar os panos sagrados e manter o fogo aceso. Ela recebia remuneração por seu cargo, que era hereditário. Alguns templos possuíam mais de 400 pessoas entre dançarinas e músicos. À medida que a riqueza dos tempos diminuiu, a arte da dança foi sendo patrocinada por soberano. As devadássis dançaram então para o rei dentro do recinto do templo e, mais tarde, para o público, que foi admitido durante as festividades, de modo que essa dança, secreta em suas origens, foi logo também apreciada pelos poderosos e, finalmente, pelo povo.

Mas só as devadássis reconhecidas e consagradas podiam exercer essa arte. Havia sete categorias de dançarinas sagradas: as *dattas*, que se ofereciam espontaneamente ao templo; as *vikritas*, que se vendiam ao templo para seu serviço, por toda a vida; as *bhrityas*, que se ofereciam ao templo; as *bhaktas*, que se entregavam ao templo por devoção à divindade; as *hritas*, órfãs abandonadas e presenteadas ao templo; as *alankaras*, cortesãs ricamente dotadas por um rei ou um nobre e oferecidas ao templo; e, por último, as *gopikas*, *devadasis* regulares por sucessão, que na idade de 12 anos e já com sete de estudos começavam a receber honorários fixos, dado que já podiam participar nas cerimônias religiosas.

Sua carreira iniciava-se muito cedo com uma cerimônia na qual se lhe colocava um colar semelhante ao que levam as mulheres casadas; ficavam assim unidas ao deus ao qual se consagravam. Começava então a aprendizagem da dança.

Sendo esposas de deus, deviam manter-se solteiras, mas tinham direito a viver com um homem de sua escolha, quer fosse ele casado, quer solteiro.

Suas filhas, consideradas legais, tinham a possibilidade de ser devadássis, mas também a liberdade de escolher a vida familiar.

A dança sagrada da Índia está codificada a tal extremo que quase não dá lugar para a interpretação pessoal do artista. Consiste principalmente na perfeita execução de movimentos e ritmos, registrados em dois grandes códigos: o *Krishasva Natya Soutras* e o *Natya Shastra* de *Bharata Mauni*.

O *Natya Shastra* contém as regras de: *nritya, ou* dança; *gita*, ou música vocal; e *vadhya*, ou música instrumental.

Nritya, ou dança, é a resultante de cinco poderes divinos: *Sristi, ou* criação; *Stithi, ou* preservação; *Tirobhava*, ou emoção criadora; *Sangara*, ou destruição; e *Anougraha*, ou descanso.

■ A EDUCAÇÃO PELA DANÇA ■

Cada uma dessas ações é personificada por um deus: Brahma, Visnú, Rudra, Mahesvara ou Shiva. A ação humana ou *abhinaya* possui quatro formas: *angica*, ou os gestos do corpo; *sattvika*, ou os sentimentos; *vachica*, que reúne a palavra, o som e o canto; e *aharya*, que é a união de todo o nomeado com certos acessórios próprios da apresentação.

Os gestos das bailarinas sagradas formam como que um verdadeiro dicionário, mediante o qual vão desenvolvendo distintos poemas dançados.

O espetáculo segue também uma ordem imutável para a apresentação das danças: *alaripou*, ou invocação; *jatisvaram*, ou dança pura; *shabdam*, que começa com dança pura, continua com canto mimado e encerra com dança pura; *varnam*, que exalta as paixões e os sentimentos nascidos do amor; *padam*, canto de amor ou adoração da divindade, no qual se louvam suas características; *tillana*, ritmo muito rápido. Essas suítes, realizadas por solistas, podem durar até três horas.

As formas espaciais das danças também são fixas, assim como os ritmos, que, a fim de recordar-se com maior facilidade, são simbolizados com sílabas enigmáticas que se denominam *shouloukatous*.

Na antiguidade, as devadássis dançavam com o mais singelo dos ornamentos, ostentando simplesmente um cinturão adornado com tiras de pano, fitas e joias.

O busto luzia desnudo, e os braços carregavam pulseiras; colares e argolas completavam sua vestimenta.

Isso pode ser constatado nas numerosas esculturas de dança que ornamentam os templos da Índia.

Atualmente, o traje é mais completo e se inspira nas vestimentas regionais; compõem-no o *choli*, blusa curta e ajustada que deixa livres a cintura e quase todo o braço; uma calça drapeada e cingida a uma cauda em forma de meia-lua, que recobrindo a região lombar cai pela frente em forma de leque aberto.

Os pé nus acentuam os ritmos com argolas com guisos *gangours*.

A sóbria maquiagem acentua olhos e sobrancelhas que desempenham parte importante na dança. Um ponto vermelho entre as sobrancelhas indica o despertar espiritual. Boca, mãos e pés são pintados de vermelho. Um grande colar é a insígnia da profissão.

Os cabelos compridos entrecruzam-se em uma longa trança ornada de flores; adornos de cabeça, pulseiras, pingentes e largo cinturão complementam o vestido de cerimônia.

Nada fica entregue ao acaso – nem ocasião, forma da dança, movimentos, sucessão das danças, vestimenta ou enfeites. Distante, mas não ausente, está o impulso primário e permanente que induz ao movimento da dança.

China

Na China, a dança de alta classe começou sendo um compêndio de filosofia e moral. As danças antigas, graves e lentas, eram moralizadoras, pois tinham a finalidade de ensinar o espectador a amar o bom e o belo. Logo os imperadores aproveitaram a influência da dança para fazer dela um instrumento de governo; paulatinamente os temas e argumentos das danças tiveram por objeto demonstrar ao espectador a submissão constante que se devia ao soberano. As próprias danças religiosas tendiam indiretamente a essa finalidade, já que o imperador não era senão a emanação dos espíritos celestes.

O espírito de classe que imperava na atividade dançante pode deduzir-se do fato de que, na corte, unicamente se outorgava o título de dançarino aos filhos do imperador.

A quantidade de danças, assim como o número de executantes que intervinham em cada uma delas, estava diretamente relacionada com a hierarquia da personagem.

O imperador contava com oito danças para seu divertimento, cada uma delas representada por oito executantes, totalizando um corpo de 64 dançarinos. Os reis de província tinham seis danças, com seis bailarinos cada uma; os príncipes e ministros, quatro danças, com quatro dançarinos; por último, os doutos possuíam apenas o direito a duas danças, com dois dançarinos.

A dança cumpria também uma função crítica e de valoração.

Quando por motivo da apresentação de um vice-rei na corte se realizavam danças, o número de obras e de dançarinos dependia da eficiência com que se considerava que haviam cumprido sua função.

As danças que formavam o repertório estavam divididas em dois grupos. O principal constava de oito danças:

- *Porta das nuvens:* para honrar os espíritos celestes;
- *Grande giratória:* para oferenda de sacrifícios;
- *Simultânea:* função similar à anterior;
- *Cadenciosa:* para oferecer sacrifícios às quatro classes de astros;
- *Virtuosa:* para honrar os espíritos das montanhas e dos rios;
- *Benfeitora:* para honrar os antepassados femininos;
- *Grande guerreira:* para honrar os antepassados masculinos, destina-se a excitar a paixão bélica ou a acelerar alguma vitória;
- *Agitação das águas:* para celebrar as nove virtudes capitais na festa dos antepassados aos quais se ofereciam sacrifícios.

■ A EDUCAÇÃO PELA DANÇA ■

O outro grupo estava formado por seis formas que recebiam o nome de *pequenas danças*. As cinco primeiras tomavam o nome do objeto que o dançarino levava na mão: a bandeira, a pluma, o rabo do boi, as armas, o pássaro Foang-Hoang. A sexta se dançava sem elementos e recebia o nome de dança do homem.

As danças de sacrifício assumiam a forma do altar sobre o qual se faziam as oferendas, redondo ou quadrado segundo a circunstância.

A dança das armas apresentava a particularidade de alternar um fragmento de conjunto com outro de solista. Parecia tratar-se de uma pantomima em seis atos, na qual se narrava a história de Ou-Wang desde seu nascimento até a ascensão ao trono e a submissão de todas as províncias.

Os padrões espaciais ajustavam-se ao tema de maneira simbólica; por exemplo, na quarta parte celebrava-se a fixação precisa dos limites do império; os dançarinos então se alinhavam representando os limites traçados.

Na segunda parte, para representar a marcha do guerreiro em direção a seu adversário, os dançarinos apareciam no Norte e se afastavam para o Sul.

No que se refere aos movimentos, variavam também de acordo com a temática: a virtuosa era uma dança grave, majestosa; a cadenciosa era de movimentos graciosos; a da agitação das águas era mimética, simulando o movimento da água estremecida por uma leve brisa. Por ser em honra das nove virtudes, apresentava nove variantes sobre nove ritmos.

A dança de armas ou do escudo (*ping-vou*) era muito irrequieta e de ritmo retido; nela se golpeavam compassadamente os escudos com as achas.

Como regra geral, a dança começava com movimentos lentos e compassados, acelerando-se gradualmente em seu desenvolvimento e finalizando com uma retirada precipitada.

Os vestuários, em luxuosas sedas de cores brilhantes, adequavam-se à classe de dança ou de personagem representada (quando a dança tomava forma de balé de argumento). Mediante símbolos convencionais, podiam-se apreciar desde o primeiro momento a personalidade, a ação e o lugar de desenvolvimento dos feitos.

Do mesmo modo, a caracterização era convencional, e tanto os adornos como as barbas e perucas permitiam saber, desde o primeiro golpe de vista, qual era a dignidade, a função e o caráter da personagem; um pouco no estilo de nossa *Commedia dell'Arte*.

Japão

No pensamento japonês, a dança é um vínculo entre o homem e os deuses.

As danças de cerimônia foram criadas e instituídas pelos sacerdotes xintoístas para expressar os mandamentos dos deuses e para fortalecer as preces dos crentes.

Os sacerdotes que ainda hoje representam essas danças recebem o nome de *miko*, que lhes vem desde a antiguidade.

Os *miko* foram os primeiros dançarinos do Japão; suas danças não eram apenas um chamado aos deuses, mas os dançarinos eram por elas tomados, suscetíveis de divina possessão.

As danças dos sacerdotes xintoístas são chamadas geralmente *kagura*. As representações na corte imperial recebem o nome de *mi-kagura*, sendo a sílaba *mi* um prefixo honorífico; em troca, as que eram realizadas nas aldeias eram denominadas *sato-kagura*, e o significado de *sato* é, precisamente, aldeia.

O mais antigo documento histórico do Japão, o *Koliji*, descreve o nascimento da dança *kagura*, a qual foi realizada pela primeira vez pela deusa Ame no Uzume, que dançou sobre uma tina de madeira invertida diante de uma caverna onde a deusa do sol, Amaterazu, havia se escondido.

A dança de Ame no Uzume teve o poder de despertar a atenção de Amaterazu, que para vê-la abandonou sua gruta, de modo que o sol voltou a brilhar sobre a terra.

Em suas danças, os dançarinos *miko* fazem oferendas simbólicas aos deuses, enquanto entoam cantos sagrados.

Hoje, a dança dos bailarinos *miko* que representam na corte imperial e nos amplos sacrários mostra influências das danças de corte, denominadas *bugaku*, importadas de outras zonas da Ásia no século VII, ao passo que as representadas nas ilhas de Okinawa, Oki e Hachijo têm ainda forte influência do xamanismo primitivo que deu origem a essas formas.

Durante os séculos IV e V, quase a totalidade do Japão estava sob o domínio da corte imperial de Yamato.

As distintas regiões submetidas introduziam na corte suas danças folclóricas como tributo, pagando ao mesmo tempo e na qualidade de impostos diversos produtos agrícolas.

Essas danças gradualmente passaram a fazer parte do ritual cortesão e como tais foram conservadas em versões refinadas das danças originais.

Aquisições da China, Índia e Coreia foram enriquecendo essas formas, e as mais importantes contribuições foram: as danças *gigaku*, uma dança de máscara do ritual budista; *bugaku* e, por último, *sangaku* (treinamento mímico-acrobático que foi a base do teatro Nô). Em um departamento especial da casa da família imperial, preservam-se hoje as danças *gagaku*.

■ A EDUCAÇÃO PELA DANÇA ■

Uma dança, *Eennen*, foi sumamente popular nos templos no período que abarca desde o final do Heian 1185 até o Kamakura 1333. Os sacerdotes dançavam essas danças em seus banquetes que muitas vezes chegavam a ser verdadeiros torneios.

Sacerdotes especiais conhecidos como *dengaku-hoshi* formaram companhias e competiram em festivais que se realizavam nos templos.

Membros da classe guerreira apreciaram de tal modo o *dengaku* que não somente se tornaram ávidos patronos dos grupos, mas também estudaram essa arte e participaram nas representações; um exemplo disso foi dado pelo regente Hijo Takatoki.

Danças rurais como as dos rituais de plantar arroz foram se tornando puro entretenimento e, tão logo refinadas, foram trazidas às cidades com o nome de *dengaku*, que significa "música camponesa".

Na dança japonesa, o espaço e o tempo que medeiam entre um movimento e o próximo e entre uma pose e a outra são denominados *ma*.

Mas não se trata simplesmente de espaços ou tempos cheios ou vazios, mas essencialmente da transposição artística do espaço-tempo.

Esse sentido do tempo desenvolveu-se, durante longo período, como parte integral da vida dos japoneses e da história cultural do Japão. É a base do sentido estético e físico do movimento no povo.

Apesar disso, não existe uma explicação lógica e definida do termo *ma*.

Escreveu o ator de kabuki, chamado Danjuro: "Há um *ma* que se pode ensinar e um *ma* que não se pode ensinar".

O *ma* é um tempo que chamaríamos rubato, por meio do qual o dançarino se libera do domínio musical; não está dirigido pela música, que apenas usa para dar maior expressividade à sua dança.

Mesmo que a dança de Ame no Uzume, realizada sobre uma tina invertida para fazer aparecer a deusa do sol, seja apenas uma fábula, o espírito do lugar reduzido da representação está vivo nas danças do Japão.

É uma tradição os movimentos do dançarino de *kamigata-mai* terem de caber inteiramente no espaço que ocupa um *tatâmi* (esfera de 1,70 m × 0,85 m). Aparentemente, quanto menor é a cena, maior é o impacto simbólico.

A dança do homem ocidental manifesta-se como um impulso para o alto; os braços se elevam por sobre a cabeça, os pés sobem na ponta dos dedos, numerosos saltos deslocam a figura do solo.

A dança oriental parte de um conceito totalmente oposto. Na dança japonesa a pelve permanece pressionada para baixo, dando uma aparência de menor estatura e grande contato com a terra; os pés deslizam pelo solo e o golpeiam fortemente em intervalos espaçados.

A dança ocidental demonstra desapego pelo terreno e expressa um mundo separado do cotidiano, idealmente distinto.

Em troca, a oriental mostra um grande amor pela terra e expressa o mundo em que vivemos como uma dualidade em que o paradisíaco e o cotidiano encontram-se em relação próxima.

Uma última diferença conceitual refere-se à idade; assim, enquanto a dança do Ocidente expõe a beleza da juventude, a japonesa revela a beleza da idade avançada. *Okina*, a dança do ancião, é tecnicamente a mais difícil, além de ser considerada o ideal da dança japonesa, bem como a mais sagrada.

Um dos aspectos mais importantes da dança japonesa é o denominado *kabucho*, cujo significado une os conceitos de classe e estilo.

Diz-se de um dançarino que alcançou alta classe e estilo quando, superando o humano, conseguiu elevado nível espiritual.

Um dos elementos para a obtenção do *kabucho* é o domínio da amplitude denominada *okisa*. Não é uma amplitude referida à extensão do corpo ou do espaço cênico, mas à intensidade.

Não se trata de fazer passos mais largos, saltos mais altos ou extensões mais profundas; *okisa*, que reúne as condições de amplitude, expressão e profundidade de conteúdo, consegue-se mediante a aplicação de diversas técnicas.

Uma delas é um uso sábio e sutil do contraste: quando uma mão deve estender-se para a frente, ela é previamente levada para trás em um movimento preparatório; quando a mão direita deve ser estendida para esse mesmo lado, é conduzida levemente para a esquerda e logo para a direita, com uma graciosa torção da munheca; quando a cabeça tem de girar para a direita, o queixo é levado previamente para a esquerda, logo a cabeça cai para a frente e, por último, o rosto se levanta para a direita.

Os movimentos preparatórios criam uma pequena pausa que fixa a atenção no gesto final e faz parecer maior o seu desenho. Outra particularidade é quando se deve olhar para alguém ou algo. Primeiro vão os olhos e, depois, o resto do corpo segue em uma extensão total em direção ao observado, produzindo como uma continuidade de movimentos. Essas técnicas dão força e vitalidade adicionais aos movimentos dançados.

O aparato para a dança revela no Japão um assombroso domínio da estética. De caleidoscópica variedade e fantasia, essas qualidades passam, no entanto, a segundo plano, em vista da importância das linhas severas, de impressionante esplendor e majestade.

A personalidade humana é exaltada em sua classe, sua ocupação e seu caráter; a figura masculina oculta-se atrás de rígidas dobras geométricas que se

■ A EDUCAÇÃO PELA DANÇA ■

assemelham a um jogo de planos e prismas, sensação que se alivia nas figuras femininas, cujos vestuários são mais envolventes, especialmente a partir do largo cinturão que cinge sua silhueta desde debaixo do busto até muito abaixo da cintura.

Os rostos, às vezes mascarados e outras vezes pintados como máscaras, definem por si sós o caráter e a emoção das personagens.

Egito

Nos templos egípcios existiam corpos de dançarinos de ambos os sexos, considerados integrantes de uma classe especial.

Alguns desses dançarinos eram trazidos de países reputados por suas danças. Também em outros casos, esses dançarinos estrangeiros serviam para divertir as classes poderosas.

Em troca, o aristocrata egípcio, cuja vida foi representada nos monumentos, não parece ter feito da dança, fosse ela coral ou de pares, uma atividade pessoal, adaptada à sua classe.

Sem dúvida, as classes superiores haviam cedido a atividade da dança a outras inferiores.

Se bem que, para os egípcios, a palavra "dança" era sinônimo de alegria e o termo *iba* denomine as duas coisas, desde épocas muito remotas separaram a dança em dois tipos: a dança "dancística"[3] – uma espécie de ginástica que consistia em exercícios de graça e flexibilidade – e a dança mímica. Esta última parece ter exercido maior influência e constituía a diversão dos nobres e dos poderosos.

Os egípcios sentiam grande atração pelos espetáculos mímicos, em especial porque não possuíam nenhum outro tipo de representação que se assemelhasse à ação dramática, tal como possuíram os gregos. A dança e os balés, portanto, significavam para eles uma necessidade.

As famílias ricas faziam representar espetáculos no interior de suas casas, nos quais música e dança uniam-se para deleite dos sentidos. Os menos favorecidos inventaram-nas para imitar os opulentos, em uma medida proporcional a seus meios.

As formas das danças rituais parecem ter sido variadas e relacionadas com o tema que lhes dá origem. Os sacerdotes astrônomos possuíam uma dança astral muito intrincada; nela se moviam de leste a oeste, descrevendo um círculo em torno do altar solar e reproduzindo em sua dança a série dos 12 sig-

---

3. No original: a dança "bailatória". [N. T.]

nos zodiacais. Com essa dança tentava-se representar os movimentos celestes e a harmonia do universo.

Em contrapartida, outras danças eram de tipo processional; um exemplo delas é proporcionado pelas festividades do Boi Apis, nas quais o boi desfilava por toda a cidade, alternando os bailes processionais com os pantomímicos.

Em geral, as danças fúnebres e as cerimoniais eram processionais, seguindo-se as figuras em linhas de uma pessoa, com movimentos idênticos.

No restante, a nota mais proeminente parece ter sido a simetria: figuras isoladas ou em duo equilibram-se com outros dançarinos e outro tanto se passa com os conjuntos.

Alguns bailes tinham estilo repousado; outros, ao contrário, acrobático e jogralesco. As danças desta última classe, ainda que malvistas socialmente, costumavam representar-se em atos religiosos secretos, mas regra geral tinham lugar nas festas e banquetes.

Os vestuários para as danças eram sumamente simples e às vezes até inexistentes. Quando o corpo não estava nu, era coberto apenas com uma saia ou um vestido tão leve e transparente que deixava entrever a figura sempre esbelta das dançarinas.

Nas danças pantomímicas, os rostos cobriam-se com máscaras, e a cabeça dos homens ostentava fantásticos adornos.

Danças hebraicas

Tudo que os historiadores puderam compilar sobre danças hebraicas está documentado no Velho Testamento.

Esses documentos parecem indicar que no período histórico mais longínquo do povo israelita as pessoas de alto nível, como reis e profetas, eram os guias da dança.

Tratar-se-ia então de uma manifestação coral, que adquiria o caráter de expressão de júbilo civil, religioso ou ambas as coisas de uma só vez.

Um exemplo dessa dupla motivação evidencia-se nas danças instituídas por Judas Macabeu, para agradecer ao Senhor a vitória obtida sobre os generais de Antiochus Epifane. Tais celebrações perpetuaram-se até a destruição da capital dos hebreus.

Naquelas expressões, todo o povo teria tomado parte, diferenciando-se apenas a classe alta pelo fato de atuar como condutores da dança. Com o tempo, as classes elevadas abandonaram a dança a outras capas inferiores e apareceram as manifestações de tipo jogralesca, mais próximas à exibição artística de destreza corporal com saltos e contorções.

■ A EDUCAÇÃO PELA DANÇA ■

Em compensação, as danças de celebração adotariam a forma processional, quer seja de linha, quer de ronda.

Nada permite supor que se utilizaram aparatos especiais para as danças de celebração, embora se usassem instrumentos musicais, como pandeiros; estes últimos estão nomeados no livro do *Êxodo*: "Miriam e todas as mulheres saíram a receber Moisés e os filhos de Israel que retornavam do Egito, tocando pandeiros e dançando enquanto cantavam".

Quanto à vestimenta dos jograis, tudo faz presumir que dançavam nus, posto que na ocasião em que Davi, o rei profeta, dançava com ardor diante da arca, quando foi transportado da casa de Obed-Edome a seu próprio palácio, usava apenas um *ephed* (cinturão estreito de linho). Na ocasião, sua mulher chamou-lhe a atenção com ironia por "haver-se desnudado diante de suas criadas e de seus servos, como se desnuda um jogral".

Danças gregas

Durante os períodos helenístico e greco-romano, já existia na Grécia o profissionalismo em dança. No entanto, não era uma ocupação estimada.

Durante a Idade de Ouro, os artistas gregos evitavam ser confundidos com aqueles que utilizavam sua habilidade e seu conhecimento como *modus vivendi*.

Fazia-se distinção muito clara entre artista e profissional. Este último era em geral um escravo, um liberto ou um forasteiro que se contratava para alegrar festas e banquetes; alguns convidados traziam seus próprios dançarinos para a festa, e os profissionais eram contratados e pagos por seus serviços.

Havia algumas exceções a essa regra; os atores e membros de coros que intervinham em representações dramáticas em cidades como Dionusia eram intérpretes remunerados, mas como ministro do deus Dionísio, tinham-nos em grande estima e não os consideravam profissionais.

No entanto, como regra geral, os atores, poetas, membros do coro e músicos eram cidadãos que dedicavam seu talento a servir a uma divindade em ocasiões especiais, como os festivais dionisíacos na primavera.

Os artistas de espetáculo gozavam de grandes privilégios; podiam cruzar as linhas de combate quando as cidades estavam em guerra e eram eximidos do serviço militar.

Ao redor do século III a.C., uniram-se em uma associação denominada "Os artistas de Dioniso". Possuía essa organização seu próprio santuário, onde se reuniam anualmente para realizar cerimônias sagradas.

A forma das danças estava estreitamente relacionada com a função; as danças religiosas podiam ser de cortejo, como as dionisíacas, que constavam de movimento ágil e violento, com saltos, giros e pateada. Essas danças eram representadas por mulheres que recebiam o nome de *maenades* ou mulheres loucas. As mênades dançavam em delírio sagrado, que incluía toda gama do êxtase: desde a loucura sanguinária até a sublimação da própria personalidade que se fundiu com a divindade.

Algo mais grave que a anterior era a *coribantica*, dedicada a Zeus. A *hiporobemata*, dedicada a Apolo, era uma dança mímica, na qual os gestos representavam a ação do texto cantado; a *gimno-padai* imitava os movimentos de luta e era realizada por homens.

As danças dramáticas podiam ser trágicas, como a *emeleia*; cômicas, como a *cordacea*; ou satíricas, como a *sikinis*.

Emeleia significa acordo perfeito de movimentos nobres e elegantes. Era uma dança realizada por mulheres, que dançavam com um traçado circular e em cadeia, dando as mãos de maneira tal que a primeira pegava a da terceira por sobre o peito da segunda, a segunda à quarta por sobre a terceira, e assim sucessivamente. Era uma dança lenta e aprazível, conduzida por um guia que poderia ser feminino ou masculino.

Em troca, a dança coral de teatro era linear: o coro da tragédia e o drama satírico tinham a seu cargo nos primeiros tempos o canto, a dança e o texto da comédia; localizavam-se então em quatro fileiras de seis; mais adiante, separaram-se as funções, e os dançarinos se ordenaram em três fileiras.

As danças estavam sujeitas às leis do *phorai* e do *schemata*.

As primeiras eram a codificação dos movimentos que representavam moções ou ações; por seu turno, as do *schemata* classificavam os gestos expressivos do caráter de uma pessoa.

O *phorai* e o *schemata* eram complementados pela *cheironomia*, ou escola do movimento das mãos, e alguns significados nos deixaram: mãos sobre a cabeça indicavam tristeza e sofrimento; braços elevados ao céu, adoração.

Algumas das danças, como a *gimnopedie*, exigiam a nudez completa; outras se representavam cobrindo-se com uma pele de animal; outras com capacete, escudo e aparato guerreiro; outras simplesmente com túnicas.

Roma

No período mais remoto da história da dança romana, encontram-se as danças de homem, realizadas por integrantes de distintas corporações.

Entre essas contam-se as procissões primaveris dos sacerdotes da semeadura, destinadas à purificação dos campos, e a dança dos sacerdotes sálios. Esta última, de caráter muito primitivo, foi instituída no ano 40 de Roma por

■ A EDUCAÇÃO PELA DANÇA ■

Numa Pompílio, quando foi proclamado rei. Tratava-se de dança consagrada a Marte, deus vegetal antes de ser sangrento, e pertencia à corporação dos lavradores.

Para atender a essa cerimônia, prepararam-se 12 sacerdotes dançarinos, que desfrutavam de uma remuneração considerável.

A denominação de *salios*, segundo o historiador Charbonnel, derivaria do fato de que, durante a sua *performance*, os dançarinos atiravam sal ao fogo em que se queimavam as vítimas. Sachs, em troca, supõe que seu nome deriva de *salil*, termo que equivale a saltantes ou dançarinos.

A dança dos salios era o *tripodium*, assim chamado porque consistia em um passo triplo, três vezes repetido, seguindo o ritmo de golpes que os dançarinos percutiam com suas próprias lanças sobre seus escudos.

Os sacerdotes dançarinos oficiavam como guias e seus movimentos eram respondidos por dois coros de homens, jovens e anciãos, que se deslocavam em torno de um círculo, de maneira muito solene.

A dança *bellicrepa*, que se atribui ao próprio Rômulo (fundador de Roma), era também uma dança armada, que simbolizava o rapto das sabinas.

As danças de coro ou ronda levaram a denominação latina de *ballistea* ou *ballistorum*, na qual se acha implícito o radical *BAL*, que dará a terminologia latina do baile.

Nos tempos de Júlio César instituíram-se as *lupercales*, festas em homenagem à loba (*lupa*) que alimentou Rômulo e Remo. Dançavam nela os *luperci*, dançarinos sátiros que honravam ao deus Dan, dançando em torno do Palatino, o corpo nu e azeitado, luzindo uma pele de cabrito e o rosto coberto por máscaras.

Dançando, golpeavam a multidão com tiras de couro; parece que as mulheres buscavam esse flagelo na crença de que ele as tornaria mais férteis e lhes proporcionaria felizes partos.

As *saturnales* se realizavam em homenagem a Saturno e eram danças cerimoniais nas quais se espargia a semente pelo ar e os sacerdotes saltavam seguindo os princípios da magia imitativa, para dar vigor com a altura de seus saltos ao crescimento vegetal.

Essas danças tinham lugar em uma data coincidente com a Páscoa de Natal, ou seja, durante o solstício, e se acendiam velas votivas.

Por volta do ano 200 a.C. introduziram-se em Roma as coreografias grega e etrusca. Adaptadas pelos romanos, essas danças perderam progressivamente grande parte de sua beleza e harmonia, tornando-se grosseiras e licenciosas.

Produziu-se então um fenômeno novo na história da dança. Pela primeira vez esta entra na vida privada, transformando-se em um requisito social das classes superiores.

Apesar das advertências e prevenções dos conservadores, a dança vira moda e nada menos de 300 escolas, nas quais são transmitidos ensinamentos por professores vindos da Grécia, da Sicília, da Alexandria e do Oriente, funcionam em Roma.

Cipião, o africano, após ter assistido a uma escola na qual viu "com horror mais de 500 jovens, entre rapazes e moças, dançando ao som dos címbalos, como não o faria um escravo liberto sem sentir-se desonrado", fecha as escolas de dança.

Apesar desses ataques, Nero gabava-se de ser bom dançarino, e Calígula cultivava o poder e a dança.

Em um terceiro período, a dança, sofrendo grande influência do Oriente, torna-se cada vez mais pantomímica e chega a seu apogeu com a arte dos célebres mimos Pilades, Batilo e Nomio, cujas pantomimas eram por momentos tão claras a ponto de se contar que, havendo representado uma pantomima diante do cínico Demétrio, este teria exclamado: "Homem, isto não é ver, isto é ouvir e ver; é como se suas mãos fossem línguas!" Outras vezes, em troca, tratava-se de exercícios de habilidade corporal de tipo jogralesco.

Resumindo, teríamos em primeiro lugar uma dança representada por sacerdotes, cuja função era religiosa. Tinha forma processional ou de roda. O vestuário era desde o nu com adornos, elementos e máscaras, até o traje guerreiro, incluindo armas.

Em segundo termo, uma dança social de divertimento, praticada pelas classes altas. Em terceiro, uma dança a serviço da arte dramática. Representava a palavra cantada e, depois, também a falada; sua formação era em linhas.

Por último, uma dança artística independente que, realizada por profissionais, era representada nos circos ou em festas privadas das classes abastadas. Era de tipo pantomímico e jogralesco. O vestuário consistia em longos mantos e túnicas ricamente bordadas de ouro e pedras preciosas. Os rostos, primeiramente cobertos com máscaras de boca fechada, foram dando lugar ao rosto maquiado em forma de máscara.

Bizâncio

Nos primeiros tempos da dominação romana, as danças que se representavam em Bizâncio eram numerosas e variadas. Cada aldeola possuía suas próprias danças, executadas em todas as festas e cerimônias.

Havia danças de índole religiosa, patriótica e privada; todas elas deixam entrever sua origem grega.

Muito comumente tomavam o nome da divindade à qual se consagravam: danças de Zeus, de Apolo, de Afrodite etc.

Havia as muito aceleradas e buliçosas, como a dança dos torvelinhos de pó; e outras sumamente calmas, como a dança das graças.

A resistência à dança, tão comum nas cerimônias primitivas, é premiada: o dançarino que demonstre maior entusiasmo e dance mais tempo com menor cansaço é agraciado com uma coroa de flores e uma pasta de mel. Nasce o espírito competitivo.

Entre as classes sociais produz-se uma mescla; em alguns festejos os escravizados tomam parte na dança e, em outros, os libertos dependuram suas cadeias nas árvores sagradas.

Nos festins, as danças dos convidados alternam-se com as de moças profissionais do canto e da dança, ou de jograis; estas últimas eram de tipo acrobático, oriundas de Atenas, Esparta e Macedônia, e nenhuma pessoa de classe poderia tê-la representado sem sentir-se diminuída.

Durante esse período, cada dança representava uma cerimônia, e para seu desenvolvimento vestiam-se roupas de tecido e cor adequados às diferentes ocasiões.

Como antes acontecera na Grécia e em Roma, a dança bizantina vai degradando-se; a dança devota das mulheres nuas transforma-se em grosseiro exibicionismo. Levantam-se protestos contra as dançarinas dissolutas que entretêm o povo com seus indecentes movimentos.

Tudo será em vão; o povo só parece apaixonar-se pelo espetáculo sangrento do circo ou pela descrição das mais baixas paixões.

IDADE MÉDIA

Durante a expansão do cristianismo, a dança continuou tendo lugar de honra dentro do culto.

Em algumas catedrais da Idade Média, havia um lugar sob a porta que apontava para o Ocidente, denominado *ballatoria* ou *choraria*, reservado à dança. Ali os fiéis dançavam para honrar a Deus.

Conta-se que os primeiros bispos foram nomeados *proesuls* porque em determinadas festas dirigiam uma dança sagrada ao redor do altar.

Em algumas igrejas de Paris, o cônego dirigia uma dança de infantes antes de ter início o canto dos salmos, e ele mesmo dançava a *chanoine ballera su premier saume*.

Mas os ritos pagãos foram penetrando as cerimônias, e os templos profanados com grosseiras paródias que sobreviviam às condenações dos concílios.

Por outro lado, o pensamento que caracterizava a primeira época do cristianismo era o da exaltação de uma vida pós-terrena. A ênfase da doutrina era posta na distinção entre o terreno e o celestial, o bem e o mal, o corpo e a mente, o espiritual e o carnal.

Uma razão primordial da existência era a salvação da alma, e para sua realização o corpo era um obstáculo. A dança, sendo uma atividade de ordem física e, ao mesmo tempo, um prazer, foi consequentemente banida do culto religioso.

O teatro litúrgico, que se desenvolve primeiro dentro do templo, depois no pórtico e, por fim, na praça em frente à igreja, ignora a dança. No teatro religioso popular só dançam os anjos em roda e o diabo entregue a gesticulações epilépticas.

Com o advento da corte provençal, estabelece-se um código de comportamento social e com ele a dança de corte assume características especiais, diferenciando-se nitidamente da do povo.

Conservam-se as danças corais que seguem sendo cadeias de linhas retas, serpenteadas ou de roda que gradualmente vão dando lugar às danças de pares soltos.

Com a cortesia, o desejo erótico manifesta-se como tímida veneração da mulher, o salto vital da jovem que caracterizava as danças de fertilidade é substituído por um giro sob o braço do companheiro que segura sua mão, o rapto da donzela dá lugar a um respeitoso ajoelhar-se aos pés da dama.

A marcha majestosa assume o primeiro plano na ação coreográfica, a pantomima volta a infiltrar-se em algumas passagens de galanteio e recusa como na *Courante* ou de combate como nos *boufons*.

As longas e pesadas vestimentas quase impedem o movimento, o desfile pausado da *pavana* permite brilhar os longos mantos e arrastar soltas as caudas dos ricos vestidos.

O povo expressa a contraparte de todo esse faustoso desenvolvimento; acossado pela fome, destruído por pestes e por guerras, põe-se a dançar freneticamente nos cemitérios, nos átrios das igrejas, ao redor do cemitério e, por último, caminhando de povoado em povoado por toda a Europa.

Desde a remota Antiguidade encontramos a distinção entre a dança cerimonial e ritual, por um lado, e a de entretenimento por outro.

Na Idade Média, conforme vimos, a dança de culto é pela primeira vez banida das tradições, assim como das formas teatrais.

■ A EDUCAÇÃO PELA DANÇA ■

Restam, pois, as formas de entretenimento das classes altas e as do povo. Porém, ao terminar esse período, irrompe uma nova forma espetacular, a dos jograis (*joculators*), que eram poetas, músicos, atores, mimos, dançarinos e acrobatas.

A forma coreográfica mais importante criada por esses artistas foi a *moresca*, espécie de crônica dançada que, inspirando-se na lenda de El Cid, representava as batalhas entre cristãos e infiéis. A obra reunia em uma só dança os dois principais temas da época: a religião e a guerra.

RENASCIMENTO

Não fosse a produção de um novo fenômeno – o intercâmbio de bens culturais coreográficos entre as classes altas e as populares –, a dança cortesã surgida na Idade Média não teria tido a vitalidade necessária para continuar no período posterior renascentista.

Essas mútuas abordagens fizeram-se possíveis mediante a intervenção de uma personagem, também de aparição recente: os mestres da dança.

Os mestres eram recrutados entre os membros empobrecidos da aristocracia e toda classe de artistas que sobressaía, quer seja no dançar, quer no mimar, quer no realizar acrobacias.

A julgar pelos muitos privilégios de que desfrutavam, os mestres de dança chegaram a ter grande influência na vida cortesã. Eram também juízes e regentes da etiqueta e da moda. Muitos desses mestres eram de origem judaica.

Com a aparição dos guetos, que confinavam grande número de pessoas em um lugar reduzido e limitavam a relação humana a um único núcleo, estabelece-se a *tanzhaus*, ou salão de dança.

Já na Idade Média o povo, dizimado por pestes e acossado por guerras, afirmou com frenéticas danças sua fé e seu amor à vida, confrontando seu movimento com o estatismo da morte durante os ofícios fúnebres, nos cemitérios e através de todos os campos arrasados.

Assim também os judeus do Renascimento, limitados à mesquinha superfície do gueto, reagiram expressando sua alegria de viver com festejos nos quais o canto e a dança prolongavam-se por mais de um dia.

Para isso destinou-se um lugar especial: a casa de dança, que se mostrava muito pequena para abrigar todos os dançarinos quando deviam mover-se em uníssono. Por essa razão, as danças deviam adotar desenhos às vezes muito intrincados.

A necessidade de estabelecer certa ordem nos desenhos coreográficos deu origem à aparição de guias de dança, acostumados à formação de grupos, à improvisação de ritmos e de passos.

Alguns desses mestres adquiriram grande prestígio e obtiveram permissão para abandonar o gueto, começando uma carreira fabulosa. Por sua vez, desde o final da Idade Média, o nascimento do capitalismo havia dado origem a uma classe industrial e comercial que se transformou rapidamente em regente da cultura e da arte. Reafirmando o interesse pela vida, faz construir palácios e residências privadas, que são enfeitadas com pinturas, esculturas e objetos de arte liberados do simbolismo religioso.

"Devemos ao Renascimento", diz Louis Horst, "a transposição da dependência artística da arte: dos princípios da religião aos da arquitetura."

Foi natural que em uma sociedade como essa, regida pelas leis da arte visual, os mestres de dança judeus, tão hábeis em desenhos espaçotemporais, tivessem acolhida calorosa.

É por essa razão que a história da dança registra tão grande proporção de mestres judeus, especialmente no Norte da Itália.

Dentre eles, Guglielmo Hebreo será quem cumprirá o papel mais importante na história do balé.

Por intermédio desses mestres, a dança baixa do período anterior (a deslizada) foi se tornando mais leve e alternando-se com algumas formas menos majestosas, tomadas da alta dança camponesa (dança de salto).

Em contato com a aristocracia, em virtude de sua profissão, estava a classe dos artesãos. Estes possuíam, em geral, seus próprios lugares de dança. Nestes, as danças folclóricas das regiões de onde cada qual era oriundo alternavam-se com as danças tradicionais da corporação a que pertenciam.

Os mestres se nutriram dessas formas populares e, adequando-as aos meios elevados, transformaram-nas em criações elaboradas e refinadas.

Nesta última forma retornaram ao povo, quando as classes superiores já as tinham abandonado.

Desde esse momento, cada dança teve seus próprios passos, suas figuras e seus desenhos espaciais, designados com vocabulário especial e seguindo regras invioláveis.

A necessidade de contraste e equilíbrio entre ritmos e formas dará origem à suíte, na qual a música instrumental substitui totalmente a música vocal para realizar o acompanhamento da dança.

Alguns mestres coreógrafos, como Domenico de Piacenza, assinavam suas danças, de cujas músicas eram também compositores. Além disso, começam

■ A EDUCAÇÃO PELA DANÇA ■

a escrever-se os primeiros tratados de coreografia. Ambrósio de Pesaro publica dois volumes, no segundo dos quais está uma explicação mais detalhada das festas e mascaradas. No tratado de Guglielmo Hebreo encontra-se pela primeira vez o termo *balletto*, referindo-se a uma composição.

As danças de máscaras originadas na Idade Média foram tomando formas mais espetaculares durante os séculos XV e XVI, transformando-se finalmente em *triunfi* e *stravaganzas*.

Catarina de Médicis leva essas composições à França, onde, recebidas com grande entusiasmo, são adotadas e transformadas no *ballet*, gênero que alterna recitativos, canto, música e dança.

Durante muito tempo os balés foram diversão de príncipes e cortesãos, por eles realizados e a eles destinados. Em sua representação, que era efetuada durante uma festa ou banquete, apenas intervinham os homens.

Pouco a pouco, os bailarinos profissionais foram substituindo os aficionados da nobreza. Com a aparição do edifício teatral, os balés abandonaram o salão para chegar ao teatro.

Com Jean Georges Noverre (1727-1810) o balé transforma-se em um gênero puramente dançado. Noverre foi um grande revolucionário em sua época, a ponto de seu *Tratado sobre a dança* ser ainda uma obra vigente.

Em que pesem a sua democratização e todas as mudanças que registra sua história, os princípios do balé continuam sendo hoje os mesmos que em sua aristocrática origem: harmonia, simetria, equilíbrio, elegância, leveza, graciosidade, hierarquias absolutas dentro da companhia, semelhança de movimento nos conjuntos, preferência pelos deslocamentos frontais, não utilização do espaço como elemento expressivo, profissionalismo e grande domínio do físico, às vezes até despertar assombro.

AS DANÇAS DE SALÃO

Durante o reinado de Luís XIV, o entusiasmo dos dançarinos começou a esmorecer em virtude da opressão do rígido cerimonial da corte. As pessoas foram sentindo fastio em executar sempre as mesmas danças em ordem idêntica e uma crescente necessidade de alguma mudança que trouxesse fatores de interesse a essa atividade frívola, mas essencial, da vida nos palácios.

A primeira forma que se achou para servir de válvula de escape a essa situação foi a dos *Bals Masqués* (bailes de máscaras) que começaram a ser realizados durante o carnaval.

Essas diversões organizaram-se de modo tal que se iniciavam a partir da meia-noite. Chegada essa hora, protegidos pelo anonimato do embuço e pela antiface, os grupos de mascarados faziam-se donos das festas. As portas, que haviam permanecido rigorosamente fechadas para quem não fosse convidado, deviam abrir-se à meia-noite, para permitir o acesso aos disfarçados.

Seus privilégios eram tais que qualquer máscara esfarrapada podia convidar a dona da casa, por mais elevada que fosse sua condição social, sem temor de ser rechaçado.

Durante o reinado de Luís XV, esses bailes generalizaram-se com muito sucesso; eram realizados em todas as épocas do ano, e neles reinavam grande alvoroço e entusiasmo.

Mas, com o passar do tempo, a liberdade outorgada ao incógnito atingiu o limite do licencioso; foi então que o regente instituiu os bailes de máscara no teatro da ópera. Eram realizados três vezes por semana, e neles era admitido todo aquele que pagasse sua entrada. O primeiro desses acontecimentos se deu em 31 de dezembro de 1715.

As famílias de maior fortuna, que até então haviam sido as únicas com possibilidades para oferecer diversões desse tipo a seus convidados, foram espaçando-as a partir desse momento até que terminaram por desaparecer.

Uma vez estabelecidos os bailes da ópera, todo o povo parisiense sentiu-se atraído pela diversão e recebeu a assídua concorrência de um público cada vez mais numeroso.

Nesses bailes públicos, oferecia-se a possibilidade de executar as mesmas coreografias, que antes só um grupo reduzido de privilegiados praticava, a todo aquele que pagasse para entrar.

Com essa democratização, homens e mulheres de diferentes estratos sociais executavam os últimos movimentos impostos pela moda, ao ritmo das peças musicais de mais recente aparição.

Esse foi o primeiro passo para o declínio dos bailes folclóricos e tradicionais em favor da adoção de um estilo geral de baile, que é praticado ao mesmo tempo por camponeses e citadinos, pelos importantes e pelos humildes de qualquer país.

Os empresários comerciais compreenderam de imediato o negócio de abrir salões de baile, e só na cidade de Paris instalaram-se 684 deles, que para maior atração mudavam as decorações da noite para a manhã e competiam em toda classe de excentricidades.

Era necessário oferecer novidades ao público para que pagasse sua entrada neste e não em outro lugar. O baile deixou de ser diversão refinada ou espontânea para se transformar em mercadoria sofisticada e mutante, que se oferece a uma clientela que paga para realizar uma atividade planejada para a melhor exploração do consumidor.

■ A EDUCAÇÃO PELA DANÇA ■

Valsas, *shottisches*, polcas, mazurcas e lanceiros vão se sucedendo até finalizar o século XIX, a partir do qual as modas mudam ainda de modo mais acelerado, inspirando-se nas formas do passado, para voltar-se então para a América e imitar suas manifestações: o maxixe, o *cake-walk*, o tango, o foxtrote, o *charleston* e daí em diante mil formas do afro-americano do Norte ou do latino sucederam-se com a rapidez com que se esgota a demanda de novos discos, posto que o baile de salão é já um tênue reflexo da dança de expansão e uma consequência da necessidade de enriquecimento dos produtores de música gravada.

A DANÇA DO ESPETÁCULO POPULAR
(dança comercial)

O baile de salão, junto com alguns elementos do folclore e da acrobacia jogralesca, forneceu a matéria-prima para a dança de espetáculo popular.

Esse gênero, que seus próprios cultores não vacilam em denominar "comercial", abarca diversas manifestações: a opereta, a comédia musical, a revista e o *show* de televisão.

Ainda que os tenhamos enunciado em uma ordem que consideramos de qualidade decrescente, é indubitável que tudo depende da exigência dos produtores e da capacidade de coreógrafos e dançarinos; de maneira que um bom teatro de revista pode oferecer espetáculos coreográficos nos quais a visualidade do gênero não esteja de relações cortadas com a solução profissional e o interesse da composição.

Durante muito tempo a dança que as "coristas" representavam, como se denominavam as dançarinas desse gênero, limitou-se a um desfile de belas mulheres ricamente despidas, movendo-se em uníssono, em longas filas que repetiam monótonos movimentos.

Esses movimentos eram extraídos dos dois gêneros que fizeram furor até o final do século XIX; o cancã e o *cake-walk* (primeiro *show* do gênero negro).

O cancã foi uma explosão, uma forma desenfreada de culminar a crescente liberalidade dos bailes de salão, levando-os a uma exaltação próxima do grotesco.

Os cronistas da época descrevem-no como a dança de uma pessoa-fantoche, em elevações extremadas de pernas que pareciam haver se desligado da vontade de seus donos, em pés que golpeiam o solo para voltar a levantar-se no ato, sem descanso e sem cansaço aparente.

Uma das figuras mais notórias desse gênero foi Valentin Desossé, pseudônimo que significa "desossado" e reflete muito bem a impressão de agilidade incrível que dava esse dançarino. Juntamente com ele brilhavam estrelas femininas como La Goule e Nini Patte en l'Air.

O *cake-walk* é a primeira incursão em sociedade de uma dança que anuncia a aparição de um gênero longamente gestado nos Estados Unidos: o gênero negro.

Sua origem remonta ao primeiro navio negreiro que chega ao país do Norte com sua carga de escravos, trazendo consigo sua rica herança africana de cerimônias rituais, com danças e ritmos ancestrais.

Em 1740, ao impor-se as leis para escravos, foi-lhes proibida a utilização de tambores e demais instrumentos típicos, temendo-se que essa música pudesse favorecer a insurreição.

Mas não houve lei que conseguisse impedi-los de dançar. Suas danças continuaram com acompanhamento de instrumentos mais tradicionais, como o banjo, assim como com o ritmo de suas palmadas e sobretudo com golpes de calcanhar e a ponta do pé.

Esses golpes deram origem a uma nova forma de dança, a *tap-dance* ou sapateado americano, que se expandiu pelo filme musical e cujas figuras mais relevantes foram Bill Robinson e Fred Astaire.

A *tap-dance* foi a forma indubitável de toda dança de categoria comercial e teve também as suas modas, suas fórmulas e seus amaneiramentos.

Com o tempo, coreógrafos incursionaram no gênero *music-hall*, transformando seus insípidos desfiles pseudocoreográficos em verdadeiros números de dança.

Hoje, as danças de espetáculo comercial são uma mescla de acrobacia, *jazz*, caráter, salão, realizados por dançarinos que, regra geral, têm conhecimento e treinamento pelo menos medianos em dança clássica e dança moderna.

Por sua vez, a dança de salão imita como pode as realizações profissionais, enquanto no total está dirigida pela moda, guiada por hábeis especialistas a serviço da indústria do disco.

A DANÇA FOLCLÓRICA

Tanto durante quanto após o processo de criação, desenvolvimento e transformação da dança de corte, quando o elegante divertimento das mascaradas transformou-se no *ballet de cour* e este culminou no *ballet* tal como o conhecemos hoje – gênero teatral totalmente dançado ou no qual a dança tem condição de primazia –, o povo continuou dançando a seu modo, para seu próprio alívio e regozijo.

■ A EDUCAÇÃO PELA DANÇA ■

Ao mesmo tempo, os espetáculos populares desenvolveram danças de um gênero mais afim ou relacionado com as formas que o homem comum praticava, não profissional nem especialmente adestrado na dança. Dessas formas populares, algumas das que hoje podemos considerar mais antigas caíram em desuso e estão em franca via de extinção. As que ainda sobrevivem não perderam seu vigor e formam parte do folclore vigente de alguns países de forte tradição. Outras são apenas recordadas pelos anciãos e recolhidas pelos folcloristas. Estes, com seu admirável, paciente e apaixonante trabalho, seu imenso esforço e seu grande amor, não podem evitar o processo de esfriamento e embalsamamento no qual os métodos de rotação e classificação apagam a chispa da espontaneidade.

Mas, graças ao trabalho desses especialistas, os balés folclóricos podem formar e ampliar seu repertório, que atuam como divulgadores da cultura popular de seus respectivos países e trazem um tipo de manifestação artística transbordante de vitalidade, no qual o caráter nacional se manifesta mais que os valores individuais; tanto que o outro tipo de arte tem sido qualificado a justo título de universal, de tão pouco que lhe resta de qualidade do nacional.

Os balés folclóricos, verdadeiros museus viventes abertos a todas as transformações e reconstruções, assim como a novas abordagens técnicas na área do espetáculo, conservam em seu repertório danças que podem ser classificadas em três grupos:

1. Danças folclóricas propriamente ditas, que têm sua origem em cerimônias de ritos tradicionais pertencentes a um estrato popular.
2. Danças populares, que o povo dança em toda ocasião feliz. Pela sua antiguidade, a origem dessas danças é indecifrável; adotam formas e estilos próprios de cada região e não têm tradicionalmente relação com cerimônias.
3. Danças popularizadas, provenientes de meios aristocráticos, criadas pelos mestres, adotadas pelo povo e quase de imediato adaptadas por ele.

Entre estas últimas, podemos incluir as polcas, as mazurcas, as valsas, as quadrilhas, estas herdadas das contradanças e transformadas nos lanceiros e muitas outras manifestações mais recentes.

Ao fazer referência nas páginas anteriores às primeiras formações dos dançarinos primitivos, nomearam-se o círculo, a cadeia, as linhas processionais e as linhas frente a frente.

Essas formas ingressaram e se mantiveram nas danças de corte durante os séculos XVII, XVIII e até o XIX.

A estas agregaram-se outras formações mais complicadas, provenientes das danças que introduziram os mestres nas mascaradas e balés.

Esses divertimentos foram idealizados por literatos que desenvolviam seu conhecimento em temas mitológicos e alegorias, e era tal o afã de refinamento que até os desenhos que traçavam os pés dos dançarinos deviam seguir as linhas de hieroglíficos mágicos ou talvez o nome de algum deus ao qual se reverenciava no ato de dançar.

Mesmo daquelas formas mais complexas que foram se simplificando com o tempo, podem-se ainda descobrir restos em danças tradicionais europeias ou de ascendência europeia. Algumas dessas figuras ficaram reduzidas a pontes, molinetes, arcos, mãos unidas cruzadas, roda dupla entrecruzada, roda dupla com mudança de cadeia, fila dupla com mudança de cadeia etc.

As principais variantes entre as danças folclóricas de distintos países ou diversas regiões de uma mesma nação têm sua base nas diferenças de condições climáticas, geográficas e econômicas.

Clima

Nas zonas quentes, geralmente, as danças possuem movimentos nos quais se emprega baixo grau de energia.

Trata-se de movimentos lentos e ligados, sumamente fluidos e flutuantes.

A observação meramente visual revela-nos uma imagem curva e ondulante. Esse efeito é obtido por esquemas retos do movimento, já que a parte do corpo mobilizada vai de um ponto a outro do espaço pelo caminho mais curto, isto é, desenhando uma verdadeira linha reta.

Os passos que marcam os acentos rítmicos não têm a qualidade abrupta que caracteriza essas mesmas acentuações nos países frios.

O pé, ao apoiar-se no solo, fá-lo de maneira relaxada; quando o peso do corpo transfere-se a essa perna, os músculos contraem-se, tensionam-se e imediatamente voltam a afrouxar-se.

Em contraste com as poses sustentadas das áreas frias, as das zonas quentes são sumamente breves e não abarcam a totalidade da figura.

Pelo contrário, um contínuo oscilar de um pé a outro, ou de uma cadeira a outra, costuma acompanhar uma posição estática (pose) da parte alta do corpo ou, inversamente, a parte superior e os braços ondulam, enquanto da cintura para baixo o corpo mantém-se imóvel.

O ritmo, uma vez estabelecido, tem então muito poucas e leves variantes.

Na medida em que a temperatura de um país é mais baixa em relação aos outros, mais vigorosos são os movimentos de suas danças.

▪ A EDUCAÇÃO PELA DANÇA ▪

Os passos são fortemente acentuados, e essa acentuação estende-se aos ritmos musicais que acompanham a dança.

São muito notáveis as distinções entre o começo e o final de cada passo.

Nos países em que existe grande contraste entre a torridez do verão e o frio intenso do inverno, as danças alternam longas sequências de movimentos fortes e dinâmicos, com outras de igual duração, mas de movimentos suaves e fracos.

Nas regiões em que se produzem mudanças bruscas entre as temperaturas do dia e da noite, há notáveis diferenças entre movimentos fortes e débeis.

Costuma acontecer que o desenvolvimento de movimentos fluidos e lânguidos se interrompa bruscamente e mude para uma passagem marcada pelos pés, um sapateado. Do mesmo modo, uma pose suavemente sustentada costuma cortar-se com um giro brusco, ou a sequência brilhante e acentuada pode perder-se em um giro suave e em uma pose.

Naquelas zonas em que as mudanças de temperatura são progressivas, os movimentos da dança são muito equilibrados e sem contrastes notáveis; ali a dança recusa todo tipo de esforço tendente à obtenção de efeito.

Essa condição faz-se mais acentuada em lugares de clima úmido, nos quais não é possível manter um esforço vigoroso durante longo período, sem graduar as energias para resistir ao desgaste.

De tudo que foi dito não se deve deduzir que as condições climáticas de cada região influem sobre a aceleração ou moderação do tempo.

Normalmente a velocidade do ritmo é regida pela ação que se ilustra ou ilustrou na dança. Aquelas danças folclóricas que nascem de um rito de fertilidade têm como medida de compasso os movimentos da semeadura e da colheita.

Como regra geral, à medida que cresce o êxtase provocado pela dança, acelera-se o processo de sua execução.

Condições geográficas

As condições geográficas incidem grandemente sobre o uso da gravidade como fator utilizado pelo dançarino folclórico.

Os movimentos do homem em geral são influenciados pelo terreno em que vive, e muito cedo essa forma de mover-se é refletida também na ação dançada.

Nas planícies férteis, os movimentos da dança dirigem-se para baixo, como se a terra retivesse os pés do dançarino; da mesma maneira que seu trabalho está ligado ao solo, raramente os pés se levantam e, se o fazem, é certamente para cair com maior força. Quando o dançarino se desloca, geralmente volta em pouco tempo ao ponto inicial, que está determinado por uma roda muito fechada, na qual todos os dançantes mantêm-se fortemente presos pelos cotovelos, pelos ombros, pela cintura ou pelos polegares.

Muitas vezes a dança conserva movimentos que recordam o fundir da semente com a terra.

Nas zonas de terreno ondulado, as danças são mais deslocadas. Os passos se deslizam sobre a superfície, e a formação de roda costuma transformar-se numa cadeia; tanto essa formação como a anterior pertencem a um tipo de coreografia fixa que não admite nenhuma improvisação.

Nas grandes planícies, nas estepes, onde existiram povos nômades, os movimentos apenas roçam a terra, e a dança faz-se sumamente individual e, ao mesmo tempo, rica em grandes saltos acrobáticos.

Trata-se quase sempre de danças de ginetes, que reproduzem em seus movimentos o ritmo das cavalgadas. O indivíduo improvisa, expandindo-se em um verdadeiro solo, ao passo que os demais o animam formando uma roda que marca o ritmo, habitualmente batendo palmas.

Os dançarinos da montanha distinguem-se por seus grandes saltos, cujo acento é quase sempre no alto. Essas danças são geralmente individuais.

Já se viu que as crenças e os costumes são os principais temas das formas coreográficas; a esses acrescentam-se, como foi assinalado, as causadas pelo clima e características do solo.

As demais variantes são produto da história de cada nação, já que cada cultura local se enriquece com empréstimos de outras raças, distintos sistemas e diferentes religiões.

Invasores e conquistadores deixam marcas de seu passo, legando seus cantos, danças e costumes ao mesmo tempo que recolhem influências e material similar, que levarão para sua terra.

A dança folclórica é, desse ponto de vista, uma história dinâmica e condensada da cultura e, ao mesmo tempo, um produto cultural da história.

INTERCÂMBIO ENTRE A DANÇA FOLCLÓRICA E A ACADÊMICA

Assim como a dança de corte se nutre de elementos folclóricos que ela restitui remodelados à sua fonte de origem, do mesmo modo que a dança popular tomou formas cortesãs que transformou, um processo similar de intercâmbio se produz entre o balé e a dança folclórica.

A esse respeito, opina Serge Lifar: "Por um lado, a dança acadêmica serviu-se do folclore (e nunca cessou de fazê-lo, daí a abundância de danças po-

■ A EDUCAÇÃO PELA DANÇA ■

pulares e de caráter no balé do século XIX); por outro lado e por seu turno, este a imitou; mas, em virtude das exigências do vestuário e do calçado, da falta de conhecimento dos intérpretes e dos costumes e crenças próprios de cada país, realizou-o sempre em uma forma muito *terre à terre* (sem elevação), acomodando a dança acadêmica à sua modalidade, até o ponto em que se pode dizer que a dança de caráter é um mau clássico".

Na posição oposta situa-se Joan Lawson, que afirma: "O crescente interesse que vão tomando tanto os dançarinos aficionados como os profissionais pelas danças folclóricas das distintas nações tende a provocar a semelhança de todas as danças [...] Os coreógrafos e dançarinos profissionais identificam os passos do *folk* com as fórmulas clássicas da dança clássica, tendo como resultado que já não se distinguem estas daquelas."

Em minha opinião, as danças de caráter pertencem a um subgênero que tem suas fontes em ambas as formas da dança e, se pôde transmitir ao folclore algo de refinado academicismo, também agrega ao espetáculo de balé essa dose de expansão algo excitante, indispensável para resistir ao entorpecimento da inamovível elegância e simetria da dança clássica.

Não se deve perder de vista que o espetáculo, como qualquer outra manifestação artística, consiste na sábia dosificação de contrastes.

A DANÇA CLÁSSICA

Como se viu ao tratar da dança no Renascimento, o *ballet de Cour* transformou-se em um espetáculo eminentemente dançado, realizado em um cenário por dançarinos profissionais diante de uma plateia composta de espectadores admitidos geralmente mediante o pagamento de uma entrada. Completou-se então a gestação do gênero balé tal como o conhecemos hoje.

Esse gênero, após passar por períodos de florescimento e decadência, apresenta na atualidade um panorama bastante eclético, que oferece diferentes possibilidades de manifestação a intérpretes e criadores.

Noverre, chamado alternativamente o Shakespeare e o Glück da dança, impôs ao balé seu conceito de arte teatral despojada de maneirismos e uma busca da naturalidade, na medida em que ela obedeça ao conceito de imitação da natureza.

Depois de Noverre inscreve-se o nome de Viganó (1769-1821). Viganó criou o que ele mesmo denominou *coreodrama*. Essa variante dava maior preponderância à expressão da emotividade e à plasticidade dos grupos, com relações pictóricas entre o conjunto e os solistas.

Exaltando os elementos plásticos e emotivos, tratou de restringir ao mínimo os solos e duos.

A essa altura faz sua aparição o romantismo, corrente que contraria os princípios realistas de Noverre e Viganó.

No romantismo nada é natural, é uma negação da realidade, na qual se exalta a mulher, não em sua condição de mãe, esposa ou amante, mas como representação do inacessível, uma imagem do ideal sonhado pelo homem, que está disposto a sacrificar sua vida por esse ideal.

Todo o romantismo em matéria de balé apoia-se na arte de Marie Taglioni. Com ela no papel de estrela, estreia *La Silphide*, obra de seu pai, Filippo Taglioni, que imporá para sempre como representação da dançarina clássica a imagem de uma mulher etérea, casta, envolta em véus brancos (o branco era o furor da época), coroada de flores, despojada de joias rutilantes e sustentando-se sobre a ponta de um só pé, como se lhe custasse tomar contato com a terra.

O balé romântico gera seu admirador, o baletômano, fanático admirador de uma ou outra figura feminina, já que a dança masculina desaparece da cena e o dançarino vê sua função relegada à de *porteur*, literalmente "carregador".

O público de balé começa a ser recrutado entre a classe média. Depois de Taglioni e seguindo a linha do romantismo, inscreve-se o nome de Perrot, criador de *Giselle*, estreada em 18 de junho de 1841 no *Theâtre de L'Academie Royale de Musique*, hoje Ópera de Paris.

Blasis (1797-1878) fixa definitivamente as regras da dança acadêmica, coroando sua obra com um código técnico para a dança clássica – o *Código de Terpsícore*.

Mais recentemente com Marius Petipa (1822-1910), criam-se os balés que chegam até nossos dias em sua primeira forma, com as variantes inevitáveis que provêm de uma permanente retransmissão baseada exclusivamente na memória dos intérpretes e dos reencenadores.

Uma crise geral sobrevém ao balé; os dançarinos começam a concentrar-se apenas nos virtuosismos acrobáticos, deixando a arte em segundo plano.

Manzotti (1835-1905) enche os teatros europeus com produções em que o espetacular substitui o refinado, e os valores quantitativos os qualitativos. Suas obras *Excelsior* e *Sport*, mais próximas ao *music-hall* que ao balé de tradição clássica, eram crônicas celebratórias das façanhas da época.

Sergei de Diaghilev (1872-1929), ao irromper no campo do balé europeu, invadirá a cena com a vitalidade de uma nova escola, feita de empréstimos das escolas italiana e francesa. Dançarinos de assombroso vigor levantarão nova-

■ A EDUCAÇÃO PELA DANÇA ■

mente o estandarte da dança masculina, em obras de sabor exótico, primitivas e de chocante vanguarda.

O balé clássico entra na era moderna conduzido por coreógrafos geniais, entre os quais se destacam Michel Fokine (1880-1942) e Vaslav Nijinski (1890-1950), o primeiro sadiamente influenciado por Isadora Duncan e o segundo sabiamente por Jaques-Dalcroze.

Diaghilev implanta o conceito de balé como unidade artística; produto do esforço mancomunado de coreógrafos, compositores, cenógrafos e libretistas.

A partir do êxito dos *Ballets Russes* apresentados pela primeira vez em Paris em 1909, começará a fusão de estilos.

Balanchine e Lifar apelam para as posições paralelas que incorporam ao vocabulário da técnica clássica. O neoclassicismo introduz mais liberdade nas formas, e progressivamente os coreógrafos utilizarão mais e mais as fórmulas surgidas da dança contemporânea.

Pouco a pouco novos experimentos vão sendo agregados ao gênero que, com canto, diálogo e outros elementos, tende, em alguns casos – como os de Maurice Bejart e Roland Petit –, a um espetáculo de teatro dançado, um equivalente, no século XX, do *ballet de cour* concebido para um público de massa, mais ávido por novidade que por sutilezas.

A DANÇA MODERNA NA EUROPA CENTRAL

O êxito troante de Isadora Duncan fez que toda a atenção se concentrasse sobre esta iluminada, metade inovadora e metade restituidora da beleza clássica.

No mesmo momento, a Europa Central era um laboratório onde se experimentavam novas ideias baseadas em conceitos artísticos com projeção para o futuro.

A dança tinha seu lugar nesse concerto, não como uma atividade separada das demais manifestações artísticas, mas em estreita fusão com elas.

Essa experimentação concretiza-se na dança com a aparição do expressionismo, que surge depois da Primeira Guerra Mundial e cuja figura-raiz é Rudolf Laban (1889-1958), e com um paralelo na *Euritmia* de Jaques-Dalcroze (1865-1950).

"Laban", expressa Robert Maillard, – chegou a ser o grande pregador da dança moderna liberada da música e do teatro." A qualidade dos movimentos está determinada por motivos psicológicos, afirmava Laban.

Estudando as ações humanas para chegar pelo gesto (captado sensitivamente pelo executor) ao sentimento, Laban dividiu as pessoas em três grupos: "dançarinos altos", "dançarinos medianos" e "dançarinos baixos", afirmando que cada tipo humano tinha decidida tendência a uma qualidade especial de movimento. Mais tarde analisou os esquemas humanos de movimento, ordenando-os em oito esforços básicos.

Classificou toda a gama possível de energia que cabe entre as condições extremas de máxima tensão e total relaxamento.

Desenvolveu também escalas harmônicas de movimento espacial, denominando esse método *corêutica*.

Estudou profundamente as leis da gravidade, estudo que chamou *eucinêutica*.

Finalmente, baseando-se em todos esses estudos, elaborou um método de notação do movimento, que denominou *cinetografia*.

A aluna mais destacada de Laban e Dalcroze foi Mary Wigman. O credo artístico de Wigman assenta-se em duas afirmações: "sem êxtase não há dança" e "sem forma não há dança". Ela deu forma ao êxtase, unindo o dionisíaco e o apolíneo.

Sua obra é sempre um veículo de expressão: "A arte é comunicação estabelecida por um ser humano para a humanidade, em uma linguagem elevada que fala dos acontecimentos cotidianos".

Para outro aluno de Laban, Kurt Joos, a dança devia ser reflexo teatral de sua época, e que a melhor maneira para conseguir esse ideal era o expressionismo. Sua característica pessoal foi a de unir elementos da escola clássica com outros expressionistas, o que lhe acarretou o repúdio dos expoentes de uma e outra escola.

De seu trabalho criativo derivou um drama dançado, no qual cada movimento tinha profunda significação.

Junto a Joos, como uma contraparte técnico-docente, criativo como mestre tanto quanto Joos o era no palco, Sigurd Leeder impôs essa escola na qual uma barra de Cecchetti é seguida de pequenos números, que são estudos derivados da técnica de Laban, para seguir durante o transcurso de toda uma jornada com aulas especiais em ritmo, improvisação, composição e cinetografia.

Da escola de Mary Wigman surgiu Harald Kreutzberg, que leva a teatralidade até o grau de grande espetáculo com sua única presença e o uso hábil, inteligentíssimo, de elementos que são a um só tempo cenografia, vestuário e movimento. Kreutzberg assimila ao espetáculo dancístico algumas ações extravagantes, como exclamações, batidas, estalos de língua, estampidos e alguns outros detalhes sonoros.

■ A EDUCAÇÃO PELA DANÇA ■

Na mesma época, Clotilde e Alexandre Sakharoff apresentam a posição oposta ao expressionismo, uma dança decididamente musical e plástica, de refinada inspiração, que lhes valeu o apelido de "Os poetas da dança".

A DANÇA MODERNA NOS ESTADOS UNIDOS

Ainda que menos conhecida que Isadora Duncan, não menos valiosa é a contribuição de Ruth St. Denis, verdadeira pioneira da dança livre nos Estados Unidos.

Bailarina, coreógrafa, professora, guia, sua arte seguiu uma tendência mística e orientalista.

Ao casar-se com Ted Shawn, ex-estudante de teologia, fundaram a escola Denishawn, juntamente com um grupo de dança do mesmo nome.

Essa escola foi crescendo em prestígio e prosperidade ao mesmo tempo que se fazia mais eclética. Começou com uma dança clássica simplificada e de pés descalços, que depois foi enriquecida com empréstimos da escola alemã e da rítmica de Dalcroze.

Com o tempo, a escola foi se tornando mais eclética, agregando elementos da dança espanhola e indígena norte-americana.

A escola Denishawn teve duas influências contrárias, ambas positivas: a primeira delas foi a de formar toda uma geração de dançarinos e influir sobre ela; a segunda, a de provocar uma reação pela necessidade de libertar-se dessa influência.

Entre as mais destacadas figuras que se libertaram dessa escola encontram-se Martha Graham, Doris Humphrey, Louis Horst e Charles Weidman.

Sem dúvida, Martha Graham foi a figura mais controvertida de sua época; isso por causa tanto de seu estilo anguloso como de temática algo obscura de suas obras. Hoje, seu nome é sinônimo, especialmente na Europa, de dança moderna norte-americana. E explica assim sua dança:

"Nunca foi meu desejo desenvolver ou descobrir um novo método de treinamento dancístico, mas dançar de forma significativa. Nunca tratei de ser uma árvore, uma flor, uma onda. No corpo do dançarino, como espectadores, devemos ver-nos a nós mesmos; não na imitação das ações cotidianas, não o fenômeno da natureza, não criaturas exóticas de outro planeta, mas algo do milagre do ser humano, motivado, disciplinado, concentrado."

Sua temática orientou-se para os mistérios do subconsciente e, ao dar vocabulário a seus temas, construiu um sistema de disciplina corporal baseado em tensões que arrastam o corpo inteiro em contrações, recuperações, percussões, quedas e suspensões.

De personalidade menos avassaladora, mas de ação não inferior à de Martha Graham, foi Doris Humphrey.

Ela sublinhou na dança a dignidade e a nobreza do ser humano, que se vê em permanente conflito entre seu desejo de progresso e sua necessidade de estabilidade, entre a paz que oferece o equilíbrio e a atração do perigo que representa a queda.

Fisicamente, isso se traduz no estado do corpo em equilíbrio, contraposto à atração da gravidade.

Essa teoria ofereceu a plataforma sobre a qual se edificou toda uma técnica baseada em quedas e incorporações, perda e recuperação do equilíbrio.

Numerosos artistas de qualidade surgiram dessas escolas, cada uma das quais encontrou um novo rumo na arte da dança: José Limón, Pearl Lang, Anna Sokolov e Mary Anthony, assim como tendências mais experimentais, como os acontecimentos cintilantes de Paul Taylor, o *happening* moderado de Merce Cunningham ou extremo e aleatório de Yvone Rainer e Ann Halprin e as deslumbrantes imensidões audiovisuais de Alwin Nikolais.

Todas essas personalidades são de tal legitimidade que, apesar de se diferenciar de modo extremo, constituem uma maneira artística, perfeitamente identificável como norte-americana.

Em todos os demais países, ao contrário, a dança moderna continua tendo ainda uma linguagem que acusa ora a origem da escola centro-europeia, ora a norte-americana. Mas a construção de uma dança nacional, que possa inscrever-se na ordem universal, é tarefa de anos de paciente trabalho de várias gerações.

COMPARAÇÕES

Nós, a maioria dos dançarinos, que mudamos a linha estética, passando da dança clássica à moderna, não o fizemos por escolha de uma forma distinta ou saturação da anterior, mas por necessidade de expressão.

Essa expressão manifestou-se no começo por uma livre escolha de movimentos, de modo que o puramente pantomímico, em lugar de limitar-se a certas expressões codificadas das mãos e do rosto, transformava-se em uma corrente de emoção expressável com cada parte do corpo.

Assim, cada matiz do sentimento tinha sua linguagem, fruto do movimento espontâneo em primeiro lugar, estilizado mais tarde por um gosto pessoal sempre influenciado, em maior ou menor grau, por essa dança clássica que nutriu nossa primeira necessidade de expressão artística.

■ A EDUCAÇÃO PELA DANÇA ■

Mais adiante fomos descobrindo que expressam cada formação coreográfica, cada desenho do movimento, a intensidade de cada esforço e a velocidade do desenvolvimento de cada gesto, quer seja por si mesmos, quer por contraste com os outros.

FORMAÇÃO OU TRAÇADO ESPACIAL E EXPRESSÃO

Quando pedimos a uma criança ou a um adulto que improvise, dando-lhe um tema qualquer extraído da natureza, de um estado de ânimo, ou de um acontecimento, apenas obtemos uma breve e desordenada exposição de poucos movimentos que de imediato perdem seu efeito por falta de desenvolvimento e por reiteração.

As energias do intérprete esgotam-se também a curto prazo, já que não pode graduar o desgaste. A concentração está permanentemente exposta ao rompimento por imprevistos, como choques, quedas, ruídos, de modo que, para manter-se concentrado, deverá aferrar-se a um grau de emoção algo neurótico, em uma entrega absoluta de si, que lhe impede o controle de seu corpo e, consequentemente, da expressão.

Observando a improvisação do estudante não preparado, constatamos que, do ponto de vista do espacial, as figuras se deslocam como folhas levadas pelo vento ou, pelo contrário, permanecem aferradas a um lugar, quase sempre em um nível baixo, quer dizer, passando da posição de joelhos à deitada ou sentada.

Esse tipo de improvisação é apenas uma descarga emocional e não tem nenhum valor criativo, ainda que seja formativo e educativo.

FORMAÇÃO

Como exposto nas páginas anteriores, a primeira formação dos dançarinos no período étnico foi a roda hermeticamente fechada, destinada a criar um círculo mágico do qual não pudessem evadir-se os espíritos benéficos e no qual não conseguissem penetrar os maléficos.

Se adotarmos para a dança atual uma formação em círculo, esta adquirirá de imediato uma expressão, mesmo que não a busquemos.

Posta em um cenário, a roda isola um setor do palco e une um grupo de indivíduos separando-o dos demais dançarinos, do resto do espaço cênico e do espectador. É, em resumo, um isolamento do grupo ou de uma zona, especialmente se os dançarinos põem-se diante do eixo da roda (veja a Figura 1).

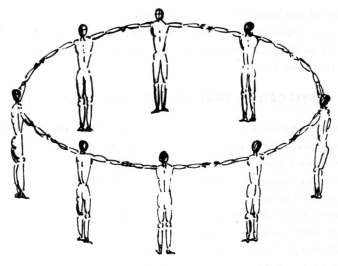

Figura 1

Se os dançarinos dão as costas ao eixo, têm respeito pelo público, pelos demais bailarinos ou pelo espaço, uma comunicação ainda que negativa, como se estivessem protegendo esse círculo da influência exterior (veja a Figura 2).

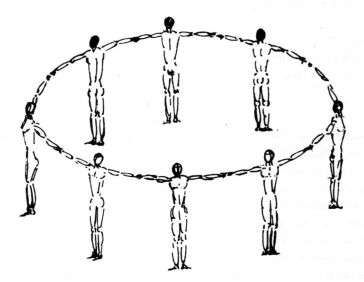

Figura 2

Se os dançarinos colocam-se de perfil com relação ao eixo, todos orientados em igual direção, dão a sensação de estar ligados a essa forma ou a seu eixo e, em certa medida, dependentes uns dos outros sem diferenças de hierarquia (veja a Figura 3).

Figura 3

A cadeia, formação que surgiu posteriormente e se mantém até o *branle* da Idade Média, une os dançarinos entre si, relaciona-os com os dançarinos que estiverem fora da cadeia e produz uma comunicação considerável com o espectador, especialmente quando se desloca em forma serpenteante (veja a Figura 4).

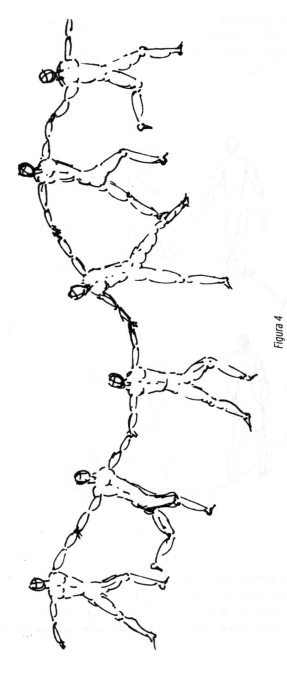

Figura 4

As linhas paralelas ao espectador estabelecem uma barreira que, segundo a orientação dos dançarinos, proíbe, recusa ou é indiferente.

Se a linha colocada frontalmente em relação ao espectador se aproxima deste, pode significar, segundo o gesto, entrega ou ameaça. Se se afasta, perde força (veja as Figuras 5 e 6).

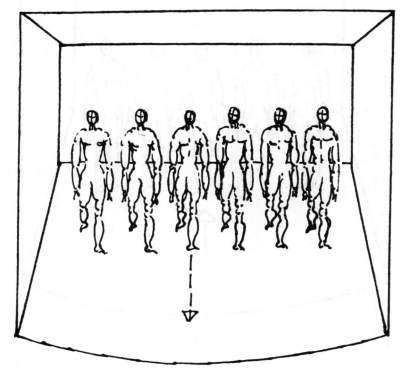

Figura 5

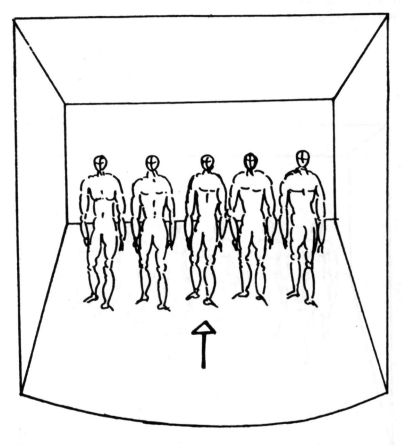

Figura 6

Se a linha colocada de costas para o espectador se aproxima deste, vai abrindo um lugar no palco e, por fim, atrai a atenção sobre o que se passará nesse lugar e cria uma expectativa sobre o que nele acontecerá, salvo se ela se afastar de uma ameaça localizada no fundo do cenário (veja a Figura 7).

■ A EDUCAÇÃO PELA DANÇA ■

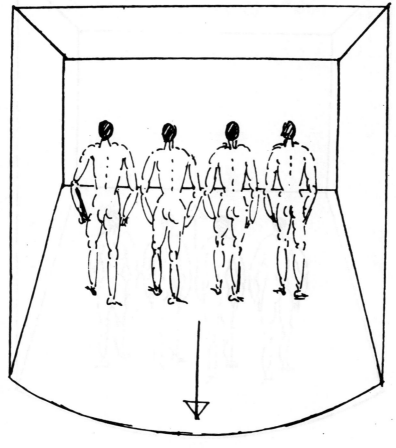

Figura 7

Quando os dançarinos, colocados em linha de costas para o espectador, afastam-se da frente para o fundo, produzem uma sensação de final total ou de um ciclo. Neste segundo caso, cria-se a expectativa em direção a uma mudança próxima (veja a Figura 8).

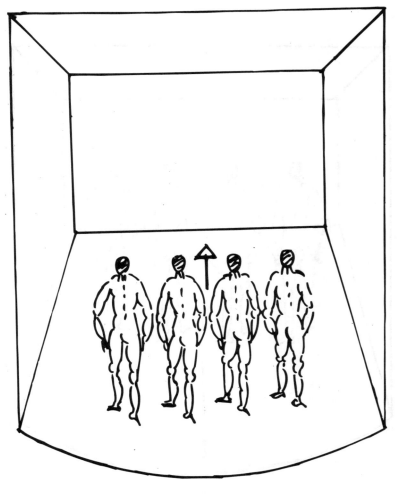

Figura 8

A fila, atravessando transversalmente o palco rumo a uma mesma direção, estabelece uma dependência de ordem hierárquica decrescente, na medida em que cada indivíduo se afasta do ponto de orientação (veja a Figura 9).

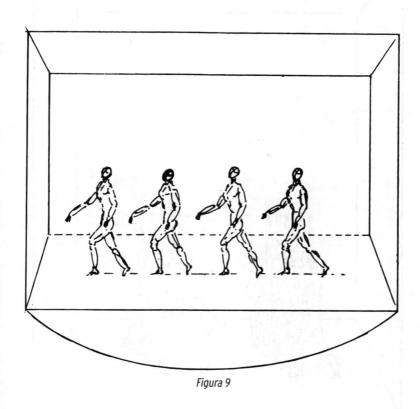

Figura 9

Conhecendo esse efeito, em todas as danças processionais da antiguidade, as pessoas mais proeminentes abriam o baile, sucedendo-se as demais em hierarquia descendente.

As linhas frente a frente estabelecem uma relação entre dois grupos de indivíduos, geralmente inamistosa, a menos que medeie algum contato (veja a Figura 10).

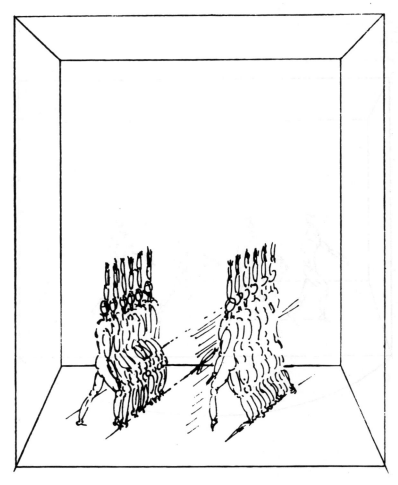

Figura 10

As danças de combate adotavam essa formação, mas também muitas danças folclóricas sumamente expansivas põem frente a frente uma linha de homens e outra de mulheres.

Se as linhas, em vez de se confrontar, se dão as costas, ignoram-se ou pretendem ignorar-se (veja a Figura 11).

■ A EDUCAÇÃO PELA DANÇA ■

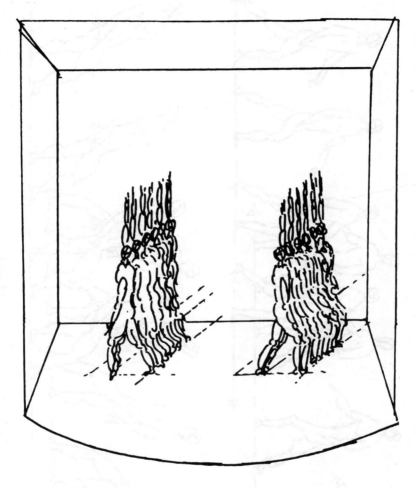

Figura 11

Se colocadas de perfil, as duas linhas se encaminham a direções opostas, estabelecendo uma fria hostilidade. Se retrocedem nessa formação, estudam-se, medindo suas forças (veja as Figuras 12 e 13).

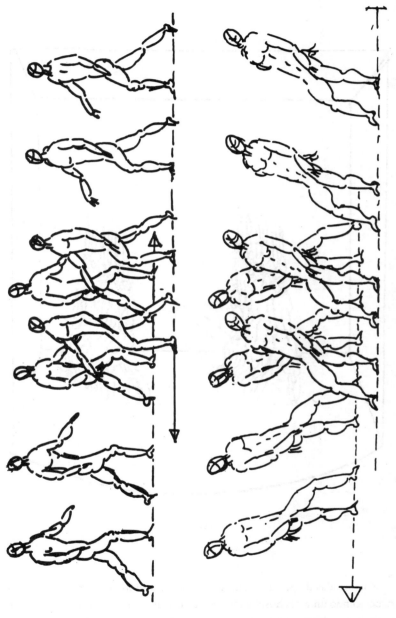

Figuras 12 e 13

Igual expressão, ainda que menos simbólica, mais realista e maciça, obteremos localizando e movendo grupos de pessoas nas direções e orientações que descrevemos (veja as Figuras 14 a 20).

Já expusemos que os chineses usavam a formação espacial de maneira alegórica, utilizando sabiamente essas expressões que fluem da forma em si.

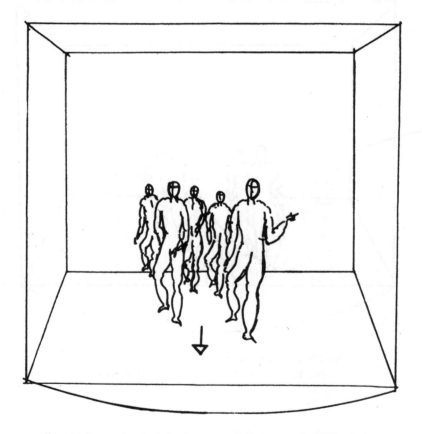

Figura 14: Grupo colocado de frente para o espectador, aproximando-se deste: emana dessa evolução a expressão de ameaça, desejo de comunicação, indagação.

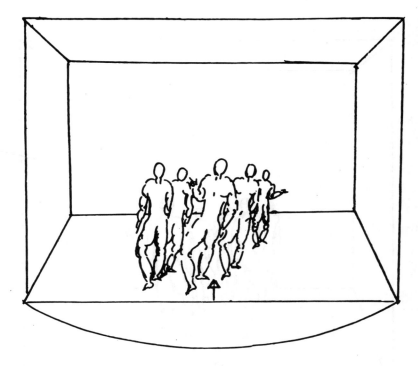

Figura 15: Grupo afastando-se do espectador, de frente para este: expressa enfraquecimento de grupo, partida, abandono.

■ A EDUCAÇÃO PELA DANÇA ■

Figura 16: Grupo colocado de costas para o espectador, aproximando-se deste: cria uma expectativa em direção ao "foro" (parte posterior do cenário).

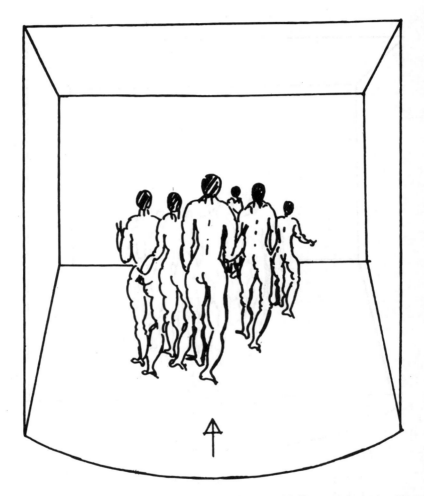

Figura 17: Grupo afastando-se do espectador, de costas para este: dá a sensação de abandono do presente, busca do mais além ou de novos horizontes.

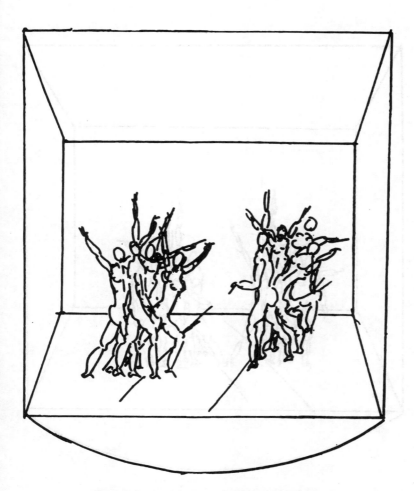

Figura 18: Grupos enfrentando-se: expressão de desafio.

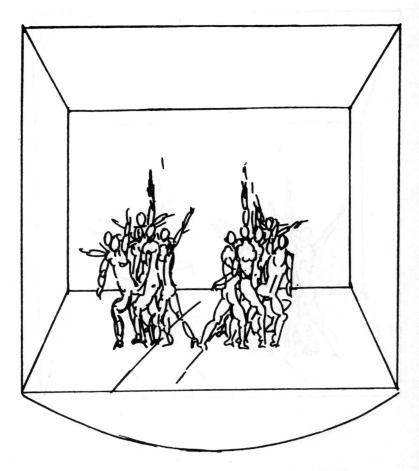

Figura 19: Grupos dando as costas um para o outro: sensação de ruptura.

■ A EDUCAÇÃO PELA DANÇA ■

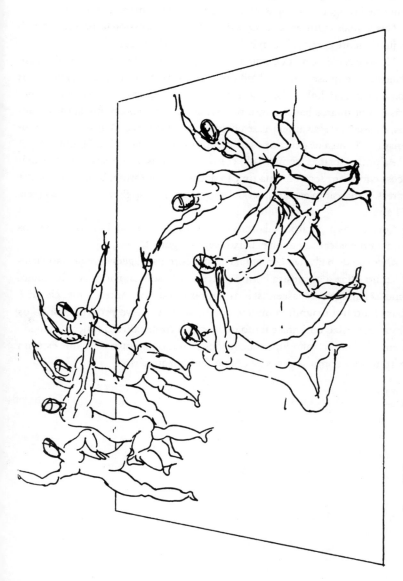

Figura 20: Grupos passando-se: expressam distintos ideais ou caminhos em direção ao mesmo ideal.

As danças religiosas do Japão baseiam-se quase exclusivamente no deslocamento das figuras no espaço e seu significado é sumamente hermético.

Nas demais culturas, as danças de roda e as processionais parecem ter sido, juntamente com as de combate, as formas mais usuais.

No balé clássico, herdeiro direto da etiqueta da corte, a formação dos dançarinos faz-se quase sempre dando respeitosamente a frente em direção aos espectadores, em linhas dispostas em planos hierárquicos; em primeiro plano, atrás dos primeiros bailarinos, estão os solistas, imediatamente após os corifeus, e assim sucessivamente até chegar a *les rats* (os ratos), nome que denominam na França os dançarinos de menor importância (veja a Figura 21).

As outras formas (semicírculo convexo, ângulos, diagonais, grupos simétricos) cumprem sempre uma função decorativa. A formação não se propõe expressar, mas simplesmente ser bela, grata à vista, equilibrada e serena (veja a Figura 22).

Quando os primeiros bailarinos realizam seus solos ou duos, os conjuntos costumam colocar-se em nível baixo (veja a Figura 23).

O corpo de baile não comenta, como o coro da tragédia grega; não dialoga, como o faz a orquestra com o instrumento solista; não serve de fundo, como as paisagens renascentistas às figuras retratadas. Antes, o que ele faz é atuar como um magnífico marco, que só adquire relevo próprio quando os solistas não estão em cena e tanto melhor terá cumprido sua função na medida em que não ressalte individualidades e os movimentos de todos estejam sincronizados como as peças de um perfeito maquinário.

■ A EDUCAÇÃO PELA DANÇA ■

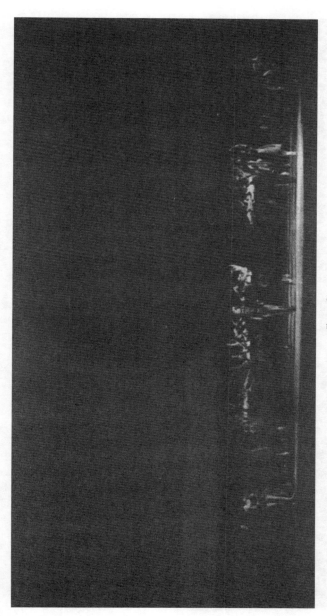

Figura 21

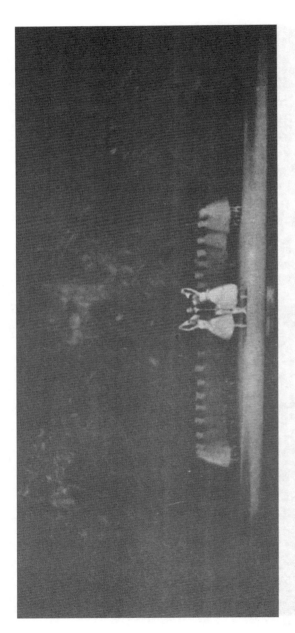

Figura 22

■ A EDUCAÇÃO PELA DANÇA ■

Figura 23

TEMPO E EXPRESSÃO

A dança primitiva desenvolve-se com movimentos velozes, que costumam acelerar durante seu transcurso, até o paroxismo.

Essa condição provém de sua função, já que a dança não era para o primitivo uma manifestação plástica, mas um rito de magia rítmica. Entre as danças das antigas culturas, as da Índia são também vivazes, tendo primazia a oposição conjunta de intrincados ritmos, realizados por um único intérprete.

A China, dona de uma riqueza cultural que não perdeu nem perderá vigência, desenvolve todo tipo de ações dançadas, de lentas a velozes, com um conhecimento profundo da alma humana e do valor do movimento para sua manifestação.

A dança japonesa é de tempo moderado a lento, com suma fruição de movimento, não como desafogo, mas como forma ativa da própria superação.

A dança grega parece ter sido variada em ritmo, indo desde a pausada *Emeleia* até as salteadas e ágeis das mênades e dos sátiros.

Já vimos que as danças folclóricas dos distintos países são influenciadas, do ponto de vista do tempo, pelas condições climáticas do lugar. A dança de corte da Idade Média consistiu primeiro na moderação da dança camponesa ou popular, e a do Renascimento, na adaptação e hierarquização destas.

O balé nascido na corte herda os ritmos próprios das danças que constituíam a suíte, enriquecidos depois com os tempos das novas danças de salão, de modo que abarca desde a lenta pavana e a sarabanda até a alegre *giga*, somando-se logo a valsa e todos os ritmos contemporâneos até que na época dos *Ballets Russes* de Diaghilev adota a totalidade da riqueza musical, não obstante haja no estilo clássico uma preeminência da música especificamente "para dança".

Mas atendo-nos ao movimento em si, não a seu acompanhamento musical, observamos que no balé clássico os gestos das pernas podem ser de muito lentos a muito rápidos, estes últimos em função do trabalho de articulações pequenas, como dedos e tornozelos, nos *relevés, temps levés, battements frappés, battements tendus*; de articulação mediana, como o joelho, em *passés, balloné, rond de jambe en l'air*; e ainda às vezes grandes, como as *batteries*, que, embora rápidas e diminutas, se originam na articulação do fêmur com a pelve.

Em troca, o trabalho com os braços não pode ser feito com igual velocidade, já que em geral move-se a extremidade inteira desde a articulação do ombro, o que dá ao conjunto da dança sua aparência serena, elegante e harmoniosa, mesmo que nos passos mais velozes.

■ A EDUCAÇÃO PELA DANÇA ■

O coreógrafo contemporâneo, consciente do valor expressivo do tempo, pode dispor dele para o desenvolvimento das danças, quer seja na eloquência de uma dança total, quer contrastando fragmentos deste ou apresentando em forma conjunta dançarinos movendo-se em diferentes velocidades.

Os movimentos lentos são os mais adequados para indicar cansaço, preguiça, idade avançada, enfermidade, debilidade física ou de caráter; já os movimentos velozes são mais apropriados para expressar juventude, alegria, entusiasmo, tagarelice, discussão, fuga e perseguição, pressa e qualquer tipo de exaltação.

DESENHO E EXPRESSÃO

Na dança primitiva, os movimentos são realizados espontaneamente com os cotovelos e joelhos flexionados. Visualmente, isso oferece o aspecto de anguloso; não obstante, em quase todos os casos o desenho que traça o gesto segue a curva natural proveniente da articulação.

A totalidade do movimento desse tipo de dança está quase sempre regida pela atividade das pernas, salvo os momentos de tremor e agitação acelerada, que pode estar localizada nos ombros, na pelve, no tórax e raras vezes nas pernas.

As danças da Índia oferecem também uma visão angulosa, por um lado em decorrência da atividade rítmica das pernas, que devem ser mantidas flexionadas, e da linguagem das mãos e do rosto, que, para sua total captação, devem estar próximos um do outro. A extensão momentânea de um cotovelo ou de um joelho atua como acento e contraste, assim como a extensão dos dois joelhos costuma indicar o final.

As danças da China utilizam todas as possibilidades, já que muitas vezes são pantomímicas, mas também sumamente acrobáticas, expressando, por meio do voo da figura humana desenhado em um salto mortal, de uma só vez a luta, o êxito e a alegria por essa luta triunfal. Em geral, há uma preeminência do sinuoso na linha.

Na dança do Japão, os movimentos das pernas estão quase sempre ocultos, e sua flexão serve tanto para dar sinuosidade à figura feminina como para criar a ilusão de amplitude na masculina.

Os movimentos de braços são diretos, mas não com a finalidade de ocultar o esforço, já que este é sublinhado insinuando o gesto oposto antes do movimento e acentuando seu final com uma leve rotação.

A vista retém abundância de flexões dos cotovelos em ângulos que vão do agudo ao obtuso por flexão tensa na figura masculina e desprovida de tensão na figura feminina.

A tradição tanto das danças do antigo Egito quanto das da Grécia se perdeu; não obstante, baseando-se na plástica que as representou, hoje utilizamos para sugerir a dança egípcia o ângulo reto para os braços, tensos, e as linhas retas para as pernas.

Para a dança grega, por sua vez, utilizamos o ângulo obtuso desprovido de tensão, que assume aparência de curva.

As danças folclóricas dos distintos países costumam oferecer uma imagem angulosa: braços com as mãos na cintura, mãos atrás da nuca, braços para os lados com os cotovelos flexionados, braços cruzados sobre o peito, manipulação de elementos como arcos, xales, lenços etc.

Rara vez as pernas são estendidas. Quando o dançarino o faz, é com acentuada violência; em geral, elas são elevadas flexionadas adiante ou atrás.

A dança de corte, que se alimenta das formas folclóricas, limará esses ângulos, transformando-os em suaves curvas, e passará essa tradição ao balé.

O balé, por sua vez, conserva para os braços a elegância do movimento curvo e a semiflexão do cotovelo e da munheca, que oferecem uma imagem arredondada do braço. As pernas então são estendidas ou flexionadas em igual proporção; quando estendidas, descrevem amplos movimentos curvos *rond des jambes*.

A beleza do desenho expande-se com deleite nos adágios, trechos lentos e líricos. Os movimentos angulosos são descartados, salvo casos indispensáveis, como os *developpés*, em que estão neutralizados pelos traçados curvos e longos dos braços.

Só a obliquidade do *arabesque* projeta a linha no espaço, rompendo a intimidade (como de medalhão) que encerra a curvatura dos braços.

Na dança moderna, o ângulo e a reta são tão válidos quanto a curva, pois, se os movimentos que desenham uma curva no espaço dão a sensação de intemporalidade, doçura, deleite na ação, aqueles que traçam um esquema reto dão a impressão de determinação, atração ou recusa.

O traçado de uma reta implica a passagem por flexões que tornam o gesto momentaneamente anguloso. Desses ângulos, o obtuso, realizado com máxima tensão, tem sido muito utilizado por algumas escolas contemporâneas com a finalidade de tornar mais severa a forma, buscando por um lado o contraste com a dança clássica e, por outro, a forma mais apropriada à expressão do homem, seu permanente conflito e sua luta com os seres, os objetos, a

■ A EDUCAÇÃO PELA DANÇA ■

natureza e o ambiente, e sua contenção da reação espontânea, em benefício da convivência e por imposição dos costumes.

GRAU DE ENERGIA E EXPRESSÃO

A dança do homem primitivo utiliza sempre um alto grau de energia, dado que suas danças geralmente são expansivas, rápidas e rítmicas.

O homem costuma ter a seu cargo as demonstrações acrobáticas e de maior força, ao passo que a mulher pode utilizar movimentos de balanceio um pouco mais fracos.

Essa diferenciação entre a força masculina e a fraqueza feminina mantém-se nas formas das antigas culturas, nas quais as danças guerreiras são representadas por figuras masculinas.

Da mesma maneira, nas danças folclóricas quase todas as partes de força e destreza são destinadas ao brilho masculino.

Em geral, pode-se afirmar que, nos países de clima quente, as danças desenvolvem movimentos que empregam baixo grau de energia; ao contrário, nas zonas frias os movimentos são fortes e acentuados, e nas regiões de clima alternado ou contrastante as danças seguem essa mesma modalidade.

Ao passar do meio popular para a corte, os elementos de força próprios da dança masculina são moderados, ainda que subsistam em algumas danças como *Les Bouffons*, que é uma dança pantomímica de batalhas de jogos, ou na *Volte*, na qual os cavalheiros levantam alto suas parceiras.

As demonstrações de destreza e agilidade continuam sendo do domínio masculino.

No balé clássico trata-se em geral de evitar a percepção do esforço, para que a figura do dançarino pareça etérea e idealizada até o irreal. Os gestos que por necessidade do argumento exigem ser manifestamente fortes realizam-se, regra geral, com os braços, já que na dança acadêmica eles possuem maior liberdade expressiva do que as pernas. Não obstante, todos os movimentos da dança acadêmica, da cintura para baixo, demandam alto grau de tensão e grande desgaste de energia.

Para o coreógrafo contemporâneo, a força é um elemento a mais de que dispõe entre seus meios expressivos, de modo que o grau de energia estará diretamente relacionado ao caráter ou estado de ânimo que o sujeito vai representar. Assim, o dominante, o violento, o jovem e o decidido realizarão movimentos vigorosos; já o tímido, o fraco e o terno utilizarão movimentos suaves; o romântico, o caprichoso e o indeciso, mudanças bruscas de energia; e o equilibrado e o sereno, contrastes harmônicos e progressivos de intensidade.

GRAVIDADE E EXPRESSÃO

Na dança do homem primitivo, a gravidade está relacionada à finalidade perseguida na dança: quando os ritos são de fecundidade, os movimentos têm acentos baixos, e a terra é golpeada como para penetrar nela; quando o são de fertilidade, o dançarino se eleva à maior altura possível, com o fim de estimular a natureza a imitar-lhe, a projetar-se para o alto em vegetação crescida.

Quando as danças são de tipo totêmico, os dançarinos imitam os movimentos do animal, de modo que a dança do salmão ou da águia fará uso da gravidade totalmente diferente das que representam animais de andar pesado.

As danças das antigas culturas possuem a característica de ser afeiçoadas à gravidade: as da Índia e do Japão têm marcada tendência para baixo, e nos documentos plásticos que ilustram as danças da antiga Grécia podemos observar como a terra é golpeada enfaticamente, utilizando o salto para cair com maior força.

Nas danças folclóricas, o contorno geográfico influi sobre o baile no que se refere ao uso da gravidade. Como já foi exposto, nos vales férteis os pés dos dançarinos quase não se descolam da terra, e nas regiões onduladas a dança é de tipo deslizado, e tanto nas grandes planícies como na montanha faz-se grande uso do salto.

A dança cortesã foi menos propícia tanto aos saltos como aos golpes no solo; nela, como também nos bailes de salão, existe primazia de movimentos deslizados.

A dança clássica descarta a gravidade como meio expressivo; toda sua técnica está destinada a vencer sua influência, procurando o dançarino uma aparência alada, uma figura liberada da terra e das leis que a regem.

Na dança artística contemporânea, a gravidade é elemento que soma suas possibilidades aos tantos de que dispõe o coreógrafo para representar o caráter ou estado de ânimo necessário a uma passagem ou ao total da composição.

Em geral, os movimentos para baixo expressam cansaço, pena, opressão, ao passo que os gestos para o alto indicam liberação, alegria, exaltação, desapego.

Um fator relacionado à gravidade é o acento, que por si mesmo possui condições de expressividade. Os movimentos de acento inicial projetam o corpo ou parte dele no espaço, dando a sensação de que a ação é um afastamento súbito, ocasionado pelo temor ou pela recusa.

Em troca, os movimentos de acento final dão a sensação de grande determinação e afirmação; o gesto parece motivado pelo desejo de alcançar o quanto antes o novo lugar no espaço. Por último, os movimentos de acento

■ A EDUCAÇÃO PELA DANÇA ■

intermédio dão a sensação de deleite na execução e têm condição flutuante, apropriada à expressão do irreal.

FLUIR

Um segundo fator expressivo também relacionado à gravidade é o fluir do movimento.

Quando esse fluir é limitado por autocontrole e impedimento exterior, a gravidade atua acentuadamente, dando a sensação de incômodo, intimidação ou tortura.

Quando o fluir é livre, os movimentos atuam contra a gravidade, conseguindo grande eloquência da dança, que se torna muito comunicativa, ainda que algo elementar.

Como vimos, a formação, o desenho, a energia, a velocidade, a gravidade, o acento e o fluir estiveram desde sempre presentes na dança do homem, sendo utilizados de maneira consciente ou inconsciente.

O coreógrafo contemporâneo pode fazer uso desses elementos, seja obedecendo às leis que dele emanam, seja contrariando-as deliberadamente. Contudo, não deve evitá-las ou ignorá-las, já que isso faria seu trabalho depender da intuição que, não se alimentando de conhecimento e prática, se esgota e morre inevitavelmente.

O que pode dançar a pessoa que se sente atraída por essa atividade?

Em primeiro lugar, pode dançar nossas atuais danças de salão; sendo essa uma atividade que realiza para sua própria recreação, não demanda grau de aperfeiçoamento que exija entrega ou sacrifício, já que o único juiz do que se faz é a própria pessoa ou, no máximo, o par.

Essas danças de moda efêmera, cada dia mais universais, não proporcionam o clima de atividade tradicional nem grupal; para restabelecer a indispensável comunhão que a dança exige, tem-se recorrido ultimamente ao vínculo geracional, que fraciona em lugar de unir.

Certa vez, em uma festa popular a que assisti na Catalunha, os estudantes agrupavam seus livros em um lugar da rua para transformá-los no eixo de sua roda de sardanas; ao redor deles, formavam-se outras rodas concêntricas de dançarinos de todas as idades, enquanto as crianças formavam círculos menores nos lados.

Emergia dessa dança uma sensação de força e de alegria que nunca poderiam alcançar nossas reuniões, nas quais cada geração dança a moda de sua época, por mais estridente que seja o volume dos *long-plays*.

Talvez isso se deva ao fato de que, sendo uma atividade para cujo exercício se paga uma entrada em um lugar fechado, há a tendência a se tirar o maior proveito do terreno, fazendo dançar o maior número de pares no menor espaço possível.

Para aqueles que estranham os elementos de espaço e grupo que destaquei, existe a possibilidade de praticar nossas danças nativas em *peñas* ou outro tipo de entidades, ou danças folclóricas de outros países, que são cultivadas em centros de estrangeiros residentes em nosso país.

Até aqui temos nos referido à dança como atividade recreativa. Já no plano profissional, o dançarino pode desenvolver distintas atividades. Uma delas é a de integrar conjuntos folclóricos; não é uma dança que demande grande criatividade artística, mas tem a vantagem de ser popular, sem envilecer-se com alguns recursos do gênero comercial. Desse modo, pode proporcionar alguma receita sem grandes satisfações econômicas, mas sem sentir-se degradado. Alguns dançarinos (quase sempre recitalistas) têm cultivado danças de culturas orientais, como as da Índia, do Japão etc.

Uma atividade que não oferece tantas satisfações artísticas, mas sim a possibilidade de prática cênica continuada e remunerada, é a de pertencer a corpos de baile de espetáculos musicais de gênero ligeiro.

E certamente pode-se exercer profissionalmente a dança clássica ou a moderna, seja como solista ou integrando conjuntos em corpos estáveis ou em grupos vocacionais.

Um profissional da dança pode ser apenas intérprete, coreógrafo criador, coreógrafo reencenador ou professor, como também reunir em sua atividade duas ou mais dessas especialidades.

Um intérprete de dança clássica deve ter a capacidade de realizar com fluidez obras de todos os gêneros: cortesãs, balé *blanc*, românticas, de caráter, neoclássicas e derivadas desses gêneros, assim como sair-se bem em uma variação delicada ou grotesca, dramática ou lírica.

Certamente, tanto física quanto temperamental e tecnicamente, estará mais dotado para certo tipo de interpretação, que será a que lhe oferecerá maiores satisfações e brilho; mas em um grupo de dança é imprescindível um grau considerável de ecletismo para a construção de programas equilibrados.

Mesmo que na dança contemporânea não existam as grandes divisões que o tempo impôs ao balé clássico, é indubitável que as distintas escolas tenham formado intérpretes com diversas técnicas. Não obstante, o melhor intérprete é aquele que, sem abandonar sua personalidade, está mais bem capacitado para sentir e transmitir as obras dos mais diversos coreógrafos, dado que to-

■ A EDUCAÇÃO PELA DANÇA ■

dos pertencem a um mesmo século, comoveram-se com os mesmos acontecimentos e sofreram iguais consequências.

Um bom intérprete de dança contemporânea deve trabalhar sempre com vistas a um equilíbrio entre sua habilidade física, compreensão e sensibilidade. Ainda que construa sua obra a partir de um fato espaçotemporal abstrato, o bom coreógrafo deve se esforçar ao máximo para fazer brilhar cada intérprete, oferecendo-lhe passagens que o favoreçam. Por outro lado, sendo as que o dançarino interpretará melhor, essa atitude contribuirá mais acertadamente para o objetivo final, que é comover o espectador com uma obra artística.

O reencenador deve conhecer intimamente o conteúdo e o estilo da obra, com a finalidade de não se transformar em um simples transmissor de formas sem vida. Deve respeitar não só as agrupações espaciais, mas também, e sobretudo, as características de movimento, as sutilezas de expressão que fazem de cada coreógrafo um criador singular e inimitável. Também deve cuidar para que cada parte seja executada pelo intérprete mais adequado, tanto fisicamente quanto em sensibilidade.

Um bom professor é aquele que, além de ampliar as condições naturais do estudante, desenvolve a matéria-prima fundamental que o aluno traz; quer dizer, se lhe é apresentado um aluno de grande força e pouca flexibilidade, agirá bem se aplicar sua força ao estudo do salto e ao mesmo tempo contrapor sua rigidez com exercícios apropriados, com a finalidade de que haja maior harmonia entre suas possibilidades.

Essas aquisições, postas a serviço de sua sensibilidade, torná-lo-ão maleável às formas com as quais o coreógrafo traduz sua emoção.

Todas essas maneiras de exercer a atividade da dança podem enriquecer ou envilecer, aperfeiçoar ou empobrecer.

Tudo depende da atitude com que se encare a prática e da disciplina que oriente a conduta.

A dança pode ser, para aquele que a realiza, uma atividade recreativa, profissional ou vocacional. Porém, mediante a prática, o indivíduo deve acumular uma vontade de superação física, mental e anímica.

O movimento é um dos dons com os quais fomos beneficiados; buscar a beleza com o movimento para fazer dela um meio de comunicação é enaltecer-se e retribuir, em parte, esse bem.

Toda pessoa que dança deve ser estimulada e apreciada; a qualidade com que o faça é o fator determinante para situá-la como artista ou simples aficionada, mas não para censurá-la ou aprová-la.

3

COMO DANÇAR

O CRIADOR

Na cúspide da atividade criadora estão os que não acatam, os não conformistas, os que não concordam com as formas feitas, circuladas e gastas.

Começam como todos, mas, como seu trabalho é uma afirmação da própria personalidade, já suas primeiras expressões, que conservam o acento de dizeres anteriores e alheios, têm inflexão estranha, que os rotineiros ou os que se afirmam em cômodos cânones julgam geralmente como erros ou, então, consideram chocantes.

Mais adiante se adentram na busca de uma linguagem própria, a forma exata e única de matiz pessoal para esse sentir universal que se manifesta de modos inumeráveis e mutantes em cada indivíduo.

Com o passar do tempo, sua atividade contribui para o desenvolvimento da personalidade e esta se manifesta novamente em obras que se destacam cada vez mais do conjunto comum.

Nessa busca, cada criador vai concretizando seu estilo, cimentando uma escola que o sustente e agrupando um número crescente de seguidores; nestes é natural certa dose de fanatismo, porque sem paixão não existem realizações.

Com os anos, esses seguidores fanáticos fazem-se menos ortodoxos e intolerantes, pois a maturidade abre brechas pelas quais às vezes entram correntes renovadoras, mais tarde a compreensão de velhas teorias até então negadas e, por fim, a aceitação das críticas ou dúvidas dos mais jovens.

Assim como uma velha árvore renova periodicamente suas flores, suas folhas e seus frutos, ao mesmo tempo que seu tronco se expande e as raízes penetram cada vez mais profundamente a terra original que alimenta as novas florações, do mesmo modo a compreensão amplia as convicções e a convicção aumenta a tolerância.

Temos visto que na cúspide desses valores, como guiando uma coluna ascendente, estão os criadores. Sustentando-os e tornando sua obra perdurável, estão os analíticos, os perfeccionistas, os que sem ter a personalidade

■ A EDUCAÇÃO PELA DANÇA ■

avassaladora dos primeiros possuem a disciplina, o interesse e a perseverança para ordenar metodicamente esse material e difundir os princípios.

Depois há os que se movem comodamente dentre esses métodos e teorias, e, sem fazer contribuições fundamentais, organizam suas escolas, seus cursos, seus espetáculos ou seus grupos, compondo obras ou lições corretas, com o gosto e a moderada criatividade de quem realiza um belo arranjo floral.

Seguem em escala descendente os repetidores, com escasso ou nenhum poder de imaginação, que negam o que exceda os limites estritos do aprendido e cerceiam ou tentam cercear toda iniciativa que aspire a dilatar esses limites.

Vivem comodamente sem buscas nem dúvidas, em uma rotina que, caso seja correta, pode resultar benéfica para alunos que se iniciam, mas sufocante e aniquiladora para aquele que passe muito tempo sob essa tutela.

Existe por último o mistificador, que só conhece escolas ou métodos por leituras, por ter assistido a algumas aulas ou visto um espetáculo.

Abrigam-se sob o manto do modernismo porque é mais facilmente imitável, lançam cortinas de fumaça para ocultar a vacuidade de suas quinquilharias que o crédulo compra a preços demasiadamente altos, como são a desorientação, as bases falsas ou a frustração, que podem ter consequências definitivas como a mediocridade ou o abandono da carreira.

Em um primeiro momento é grande a quantidade daqueles que seguem seduzidos o mistificador, já que seus "métodos" demandam pouco esforço, posto que recorrem à simpatia pessoal, à excessiva cortesia no trato e, também, à indiscrição, para ganhar a boa vontade de seus incautos seguidores.

Pouco a pouco a máscara deixa ver o rosto da incapacidade: alguns alunos buscam novos horizontes, recomeçam com mais firme condução; outros o abandonam; outros, por fim, permanecem amarrados, imitando o falso mestre, seja por falta de caráter, seja pelo desejo de lucro.

Para as pessoas experientes é fácil distinguir o autêntico do falso em matéria de mestres, escolas e criadores.

O verdadeiro criador não se propõe renovar nada, apenas o faz por simples gravitação de sua personalidade, sem estabelecer um plano de busca e mudanças, sem esquadrinhar um princípio para a caracterização de novas ou velhas teorias. Apenas mergulha no seu íntimo, com o afã de descobrir sua verdade.

No entanto, se lhe dirigem perguntas, pode sempre contestar muito e bem, já que suas respostas partem de uma razão medular e veraz.

Suas realizações (as realizações dos criadores) possuem destinos dessimilares. Umas passam inadvertidas, já que em geral não são bons promotores de sua atividade; outras são recebidas com entusiasmo ou indiferença; outras, por fim, negadas, quer seja enfática, quer displicentemente.

Mas todas são seguidas ou imitadas porque possuem poder de penetração que de imediato pode ser avassalante, como filtrar-se de maneira imperceptível, deixando uma espécie de pó fecundador, um pólen, nos espíritos honestos. Entre os que negam estão também os preconceituosos, que, não sendo malignos, vão afirmando sua atitude; os mal-intencionados, que veem no extremo talento alheio um caudal de luz que põe em evidência sua mediocridade; os invejosos, que desejariam ter tido o dom de criar essa mesma obra que logo imitarão sem escrúpulos; os fracos, que negam porque os demais o fazem e temem parecer ignorantes, sentimentais ou desatualizados.

O verdadeiro criador não costuma se preocupar excessivamente com seus imitadores por duas razões fundamentais: a primeira delas é que, uma vez realizado seu trabalho, sua atenção já está posta em uma obra futura com a ambição de superar a realizada. A segunda razão é que, por regra geral, não se imitam (voluntariamente) as obras demasiado boas, porque não são simples senão em aparência, de modo que o fazê-lo ou tentá-lo demandaria dos falsos criadores um árduo trabalho de penetração e compreensão.

Em lugar disso, espia-se na busca de maior efeito e aceitação, e estudando a receita lança-se uma moda "à maneira de...", alguma obra que tenha tido repercussão na elite ou na massa e com pouco trabalho e talento tenha trazido bons dividendos.

Então se inicia a carreira monótona dos que não se animam a estar fora da moda, dos que temem aparentar o que são. Se é uma pessoa adulta, teme ser acusada de antiquada; se jovem, de imatura ou desinformada.

A mesma imitação da obra em si é extensiva à sua apresentação cênica: se certo tipo de teatro se fez notar pelo uso da luz branca, por exemplo, aplica-se ao espetáculo de dança, mesmo que essa luz seja um grave inconveniente para qualquer trabalho que demande equilíbrio, como movimentos lentos, permanências em poses sobre um pé, ou sobre a meia ponta, ou com o peso do corpo fora de prumo, ou giros.

E, posto que não se exibem danças com dificuldades técnicas, a preguiça vai se deslocando para a disciplina e vai se abandonando o treinamento. Então já não se pode saltar, pois se está pesado, a flexibilidade vai cedendo lugar à dureza, os trejeitos que suplantam a expressão pretendem dissimular os acidentes imprevistos.

Perdida a habilidade e o domínio do físico, recorre-se ao truque de negar seu caráter de imprescindível e, tomando a torpeza como estandarte, os cená-

A EDUCAÇÃO PELA DANÇA

rios se povoam de figuras espessas e moles, sufocadas, que ontem recorriam à mímica, hoje ao erotismo e, amanhã, ao falso humor, às complicadas montagens audiovisuais ou à agressão. Esse é um exemplo dos muitos que registram a confusão de estilo com moda.

CRIADORES E INTÉRPRETES

Existem na dança, como em todas as demais artes e em qualquer disciplina, distintas classes de talento e seres superdotados, quer seja do ponto de vista físico, de compreensão, quer seja do ponto de vista da imaginação.

Como em todas as demais atividades, também costuma acontecer de aquela pessoa que mais impressione por seus dotes naturais nos primeiros contatos com a matéria não ser, ao longo de sua trajetória, a que mais se destaque em uma ou outra faceta de sua profissão. Além do exposto, devemos levar em conta que se necessita também de talento (não só de experiência e conhecimento) para detectar em um aspirante a dançarino as condições inatas e as possibilidades futuras, já que estas não são consequência inevitável daquelas, e o trajeto para o topo de uma carreira não é simples e direto.

Como no "jogo da glória" que nos distraía quando crianças, os talentos avançam e se desenvolvem às vezes em grandes saltos; outros, passo a passo; outras vezes estancam-se ou então retrocedem.

Em meu exame de ingresso no Conservatório Nacional, primeiro contato com o mundo da dança, fizeram-nos caminhar os compassos da música, primeiro em duplas para o fundo e distanciando-nos da mesa examinadora para logo retornar até ela, uma a uma. Durante a primeira parte, tratei infrutiferamente de caminhar movendo o mesmo pé que a companheira que me haviam designado ao acaso, mas a pobre menina não tinha ouvido nem sentido rítmico.

Desnecessário dizer que fui reprovada, apesar de meu retorno correto em direção à mesa. No entanto, para um observador menos superficial, esse começo deplorável, contrastando com a correção posterior, evidenciava um instinto coreográfico de trabalho em equipe, instinto indispensável e, no entanto, muito difícil de encontrar no dançarino.

Recordo-me de que outra das aspirantes foi vista usando óculos antes que se reunisse a mesa examinadora. Para pô-la à prova, passado o exame, deram-lhe algo para ler, que a pobre menina não pôde, naturalmente, sequer ver. Depois, foi uma das melhores dançarinas e coreógrafas do gênero espanhol que pude apreciar.

Anos mais tarde, sendo já professora do mesmo estabelecimento, agora transformado em Escola Nacional de Danças, foi estabelecida como complemento do exame de ingresso a observação visual e a longa distância do pé das aspirantes para determinar se tinham ou não pé chato.

Sempre opinei que esse exame deve ser realizado por um médico especializado, mas ainda assim devemos confessar que todos nós que nos iniciamos na dança com um pé formoso terminamos tendo o arco desfeito, ocasionado tanto pela dança nas pontas (no caso das mulheres) como pelo trabalho com pés descalços; em troca, muitos estudantes que começaram com uma deficiência de falta de peito do pé ou arco melhoraram enormemente com a prática da dança.

Certamente, são inumeráveis as crianças que, ao serem iniciadas, são donas de silhuetas espigadas e frágeis, e logo se transformam em "rolhas", ao passo que outros que a princípio parecem "tarrachos" logo se alongam com a esbeltez de juncos.

A falta de flexibilidade evidenciada por alguns alunos que começam seus estudos em idade mais avançada que a maioria manifesta na falta de capacidade para elevar as posições ou curvar as costas pode, às vezes, ser produto de uma excessiva tensão e até de um desejo incontrolado de fazer as coisas demasiadamente bem, de tal modo que toda a atenção se concentra na meta desejada sem atender suficientemente aos meios para alcançá-la.

É raro que todas as condições se reúnam a um só tempo e em um mesmo ser; já os primeiros teóricos do balé clássico no-lo advertem em seus livros não envelhecidos. Noverre, em sua décima primeira carta, afirma que o dançarino de pernas curvas é possuidor de um salto mais poderoso, ao passo que o zambo, de linhas alongadas, é por natureza um ser dotado para os movimentos elegantes, quer sejam estes de tipo felino, quer de desenho seco, românticos ou nobres. Em troca, os que possuem figura maciça, de estatura mediana, são mais brilhantes em suas interpretações.

É notória também a predisposição dos dançarinos espigados para os movimentos pausados e a dos pequenos pelas sequências rápidas, sejam elas delicadas ou passionais.

Sem dúvida, essas são regras gerais, já que as variantes e os casos excepcionais excedem as possibilidades de cálculo.

Até aqui temos nos referido tão somente aos dotes físicos para a iniciação de uma carreira em dança, mas há outras condições que também são importantes e muito mais definidoras para o futuro de um artista, já que os coreógrafos, mestres e diretores de balé consultados estão de acordo com o fato de que as pessoas superdotadas fisicamente em geral fracassam em nossa arte, enquanto dentre aqueles estudantes de condições normais surgem as figuras de relevo que assombram tanto o neófito quanto o iniciado.

■ A EDUCAÇÃO PELA DANÇA ■

Dentre todas as condições, cuja excelência ou insuficiência vai se fazendo ostensiva ao longo dos estudos, figura em primeiro plano o sentido musical, que rotineiramente se classifica como mau ou bom ouvido, referindo-se tão só à capacidade para acertar com o tempo forte de cada compasso musical. Mas a musicalidade é muito mais que isso, posto que o dançarino, ao mover-se, traça no espaço uma sucessão de harmonias, desenhos e ritmos que configuram uma forma simultânea à da música que deve fundir-se com ela de maneira íntima e total. É necessário, pois, não apenas guiar o aluno com a finalidade de fazê-los perceber todas as sutilezas musicais e capacitá-lo para restituir um clichê musical baseado em desenho rítmico, frase, forma e espírito, mas também exercitá-lo na construção de esquemas totalmente contrários, assim como em variantes com diversos contrastes.

Por exemplo, quando nos exercícios iniciais faz-se que o aluno principiante baixe a perna ou desça de um salto no primeiro tempo de cada compasso, ou seja, no tempo forte, atua-se de maneira correta, já que resulta mais natural, tanto para a criança quanto para o adulto, atuar assim; mas imediatamente depois devemos exercitá-lo no acento alto, quer dizer, elevar-se ou elevar a perna no tempo forte, de modo a adquirir essa condição flutuante indispensável ao artista da dança.

Não importa se mais adiante, por motivos de estilo ou de expressão, queira realizar uma dança "para baixo"; isso sempre lhe será mais fácil, já que é precisamente a maneira natural.

Um novo passo na conquista do ritmo será o copiar esquemas rítmicos, dados pelo professor ou pelo mestre acompanhante, primeiro de dois compassos de duração e, depois, de quatro. Em seguida, por turnos, o aluno deverá criar outros esquemas que, por sua vez, serão repetidos por todos os companheiros.

Um terceiro passo será recordar um esquema rítmico dado, que cada aluno intercalará com o que foi criado pessoalmente.

Professor

Aluno

Essa forma pode ser palmeada ou pateada (ou seja, golpes dos pés no solo), batida com as mãos no solo, ou contra as coxas, ou contra um instrumento, batida com o instrumento contra o corpo à maneira das danças espanholas e italianas de pandeirinhos e, por último, dada com qualquer parte do corpo, cabeça, cotovelo, ombro, cadeira, tórax, para o ar, que entendemos ser a forma dançada mais pura, já que a dança é a resultante da energia projetada contra uma matéria que é o espaço, o qual pode estar ocupado por um objeto (caso dos instrumentos) ou totalmente vazio.

Conseguida a resposta desejada no terreno do rítmico, passar-se-á à penetração de outros pontos.

A parte melódica da música está relacionada com os níveis alto (correspondente aos sons agudos) e baixo (correspondente aos sons graves). Nos primeiros tempos far-se-á que os alunos se movam seguindo essa regra de imitação e, também, relacionem os sons graves com a dimensão de largura e os agudos com as figuras estreitas. Igualmente se poderão relacionar os sons graves aos planos anteriores e os agudos, aos posteriores, trabalhando, desse modo, com a dimensão de profundidade.

O primeiro passo para romper esse esquema é, sem dúvida, contrariar tal similitude sensorial, fazendo a relação totalmente inversa e, também, contrariando a execução de uma escala musical simples ou cromática, um arpejo ou uma sucessão de arpejos ascendentes, descendentes ou mistos.

Como segunda etapa, agudizar-se-á a percepção do motivo musical para que este possa ser reconhecido em qualquer tonalidade em que apareça, tanto em sonoridade grave como aguda ou neutra. Criar-se-á ou selecionar-se-á um motivo musical para o qual se construirá uma sequência de movimento. Logo o acompanhante improvisará no piano, intercalando o motivo primeiro com fragmentos musicais de igual duração (veja os exemplos musicais n°s 1, 2, 3, 4 e 5), e logo de forma mais livre e também surpreendente; cada vez que o aluno ouvir o motivo, realizará a sequência de movimentos estabelecida.

Um passo mais adiante é relacionar um estado de ânimo especial com um trecho musical previamente escolhido. Os alunos improvisarão sem outra condição, mas ao aparecer o trecho musical anteriormente mencionado começarão a refletir em seus movimentos o estado de ânimo preestabelecido. Essa condição do movimento se manterá ainda que a música mude totalmente, e só com a reaparição do tema mudará outra vez para movimento livre. Uma terceira aparição os submeterá novamente à regra expressiva dada e assim sucessivamente, até que se produza um avanço no domínio do exercício ou, então, se isso não acontecer, antes que o desalento tome conta dos alunos.

É conveniente logo relacionar o mesmo fragmento musical com diferentes estados de ânimo, com a finalidade de não fazer da dança uma arte subordinada à música, mas uma arte consubstanciada nela.

Em seguida, é interessante conduzir o estudante por diversos sentimentos ao longo de um trecho musical, com reiterações que o obriguem a uma atenção extremada, que moderará sua entrega absoluta, já que o artista em formação sente-se demasiadamente inclinado a uma liberdade total. Paradoxalmente, essa liberdade o escraviza em vez de enriquecê-lo e liberá-lo, já que seu pobre caudal de movimentos agrega-se à invariabilidade do tema.

Exemplo nº 1: *Tambourin* (Rameau)

Exemplo nº 2: *Bydlo* (Moussorgsky)

Exemplo nº 3: *Menuet* (Schubert)

Exemplo nº 4: *Sonata* (Scarlatti)

Gidiosamente (♩ : 112)

Exemplo nº 5: *Canção do caçador* (Schumann)

Uma das muitas formas possíveis é determinar para cada aparição do trecho musical um movimento que desaparecerá com a música; esse tipo de movimento refletirá distintos sentires, de acordo com um plano previamente fixado; por exemplo, primeira vez, melancolia; segunda vez, rancor; terceira vez, novamente melancolia; quarta vez, esperança; quinta vez, rancor; sexta vez, ternura; sétima, luta; oitava, ternura etc.

Sugiro a *Canção de solvego* ou *A manhã*, da suíte de *Peer Gynt*, de Grieg.

Naturalmente, aos alunos muito pequenos resultar-lhes-á muito difícil traduzir a abstração de um termo, que às vezes até lhes é desconhecido, com movimentos acertados. Por sua vez, os mais adultos, se tiverem experiência, encontrarão sérias dificuldades em vencer sua autocrítica e suas inibições, de modo que nessa primeira etapa devem contar com a importante ajuda do professor.

O professor deverá, pois, criar o sentimento por meio do relato de uma história engraçada; no início poderá até contá-la com trejeitos dançados (não mímicos) que sejam uma resposta muito correta em tempo, desenho espacial e grau de energia. Esses movimentos poderão (caso necessário) ser repetidos pelos alunos, para melhor percepção muscular, já que é indiscutível que determinado tipo de movimento cria certo estado de ânimo, da mesma maneira como o fazem o som e a cor (veja as ilustrações).

Encontrada a necessária qualidade de movimentos, os alunos elaborarão sobre essa base suas improvisações ou pequenas composições.

Expomos aqui algumas situações que, narradas, podem ajudar o aluno pequenino a encontrar o estado anímico que se espera descreva com seus movimentos, acompanhando-os de alguns esquemas de posturas ilustrativas.

MELANCOLIA

1. Estamos nos últimos dias das férias que passamos em uma bela casinha próxima a um rio, em cuja praia jogávamos com outras crianças veraneantes da vizinhança. Os amigos já se foram; em um frio crepúsculo, olhamos a paisagem, evocando os companheiros ausentes.
2. Nossos pais tiveram de partir para atender às necessidades de um grupo de crianças órfãs.

Ficamos sob o cuidado de outros parentes, compartilhando o lugar com seus filhos. É o aniversário de um deles, a festa é alegre, tratam-nos muito bem e até nos mimam, mas nossos pais ainda demorarão a voltar. Estamos em boa companhia, com seres a quem queremos e nos querem, mas sentimos uma melancólica solidão.

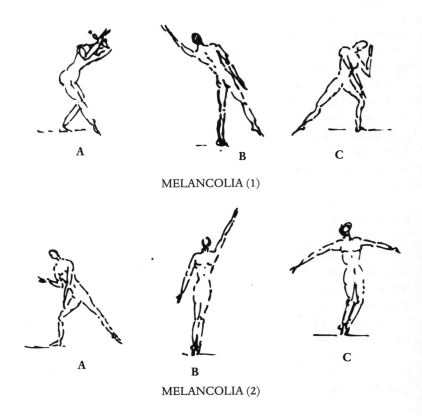

MELANCOLIA (1)

MELANCOLIA (2)

TERNURA

1. Ao subir em uma árvore, encontramos um ninho com pombinhos. A mamãe-pássaro traz no bico o alimento para seus filhotes. Entre estes há um menor e, enquanto os demais estiram as cabeças em direção à comida, o pássaro fêmea voa ao redor, para conseguir dar de comer ao mais fraco.
2. Tiramos nota baixa em uma matéria de que não gostamos. Depois de uma merecida repreensão, deixaram-nos sozinhos com os livros chatos, com a ordem expressa de não sair sem ter aprendido.

Nosso cachorro vem lamber-nos a mão e demonstrar-nos seu afeto, consolando-nos.

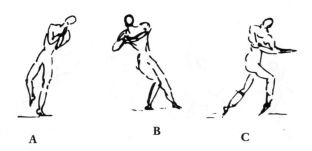

TERNURA (1)

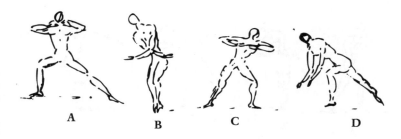

TERNURA (2)

RANCOR

1. Tínhamos de apresentar um trabalho na escola. Fizemo-lo e estamos contentes porque, tendo ajudado nosso irmão e seus companheiros no ano anterior em uma tarefa similar, sabemos que trouxemos o melhor e mais belo trabalho.

   No entanto, outro aluno traz uma obra considerada superior; sabemos que não é de sua autoria, mas ter sido feita por um adulto, parente ou amigo. O colega recebe dos companheiros e professores as lisonjas e a admiração de que nos julgamos merecedores.

2. A classe foi culpada por uma incorreção; injustamente alguém nos acusou de instigadores. Sabemos quem foi o culpado, mas por companheirismo não o delatamos. O aluno responsável não confessa a verdade. Ele gozará de melhor conceito e será eleito representante da escola para um ato a que muito desejávamos assistir.

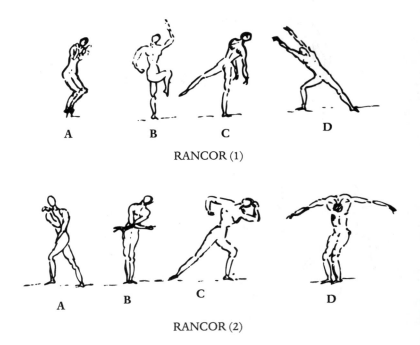

RANCOR (1)

RANCOR (2)

■ A EDUCAÇÃO PELA DANÇA ■

Em um passo posterior, tender-se-á à distinção de diferentes compassos musicais. Quando eles são reconhecidos com facilidade, estabelecer-se-á um tipo de movimento apropriado para cada compasso. Por exemplo, circular para o seis por oito, ondulado para os compassos ternários, marcado para os binários, anguloso para o compasso de quatro tempos. Executar um trecho musical em distintos compassos que mudarão a intervalos primeiros regulares – por exemplo, cada 16 compassos. Com cada mudança executar o tipo de movimento correspondente.

Uma vez dominado esse exercício, far-se-á o trabalho mais árido de adaptar o movimento circular ao compasso binário, o ondulado ao de quatro tempos etc., mudando, além disso, a duração de forma mais caprichosa e inesperada, em função da quantidade de compassos, e também conduzindo os trechos de maneira lenta ou rápida. É importante trabalhar sobre compassos irregulares e frases compostas de número ímpar de compassos.

Uma experiência posterior será utilizar distintos elementos de caráter sonoro, que servirão de estímulo para a improvisação ou pequena composição dançada.

O primeiro passo consistirá em fazer ouvir ou evocar distintos ruídos ou sons, por exemplo: o zumbir, o tilintar, o martelar, o ruído de ruptura por choque de copos ou de trens, o estalo de uma bola ou de um tanque, o rasgar, o estalo de um fósforo, o esfregar de uma lixa, escova ou serrote, o amassar de papéis de jornal, celofane, enfim, tudo aquilo que possa ocorrer-nos.

Logo se procederá à classificação dos efeitos sonoros por nível, intensidade, duração, distância e número.

É conveniente fazê-lo em colunas, tal como se expõe em seguida, começando com poucas e simples condições, para ir agregando e complicando gradualmente os problemas.

Nível	*Intensidade*	*Duração*	*Distância*	*Número*
agudo	leve	seca	próxima	solo
médio	forte	prolongada	média	vários
grave	estrondosa	persistente	distante	muitos
ascendente	crescente	ligada	aproximando-se	somando-se
descendente	decrescente	cortada	afastando-se	subtraindo-se
flutuante	flutuante	contínua	flutuante	sucessivos
alternado	alternada	intermitente	alternada	simultâneos

Para finalizar, combinar-se-ão diferentes condições, formando com elas uma historieta da vida cotidiana ou uma fábula fantástica.

Vejamos o exemplo de dois agrupamentos sonoros, dos muitos que o professor pode preparar pessoalmente ou dar para os alunos construírem.

PRIMEIRO AGRUPAMENTO
(em forma de historieta)

Ouve-se a distância o zumbir de um mosquito. Esse zumbido, que é agudo, multiplica-se em número e faz-se grave, forte e próximo. Destaca-se o zumbir de um deles aproximando-se e afastando-se de modo alternado e também ameaçante. Começam a ouvir-se as batidas de uma pessoa que está deitada e tenta amassá-lo no escuro, o estalo de um fósforo, o crepitar de uma vela, o açoitar de um pano durante a caça do mosquito e, por último, a ruptura de uma enorme vasilha de vidro.

SEGUNDO AGRUPAMENTO
(descrição de ambiente)

Ouve-se o forte chiado de rodas afastando-se, enquanto o vento ulula em rajadas que vão perdendo força e continuidade.

Soa o canto de um galo próximo; logo, a sucessão e simultaneidade de vários cantos a distintas distâncias e, por fim, o ruído de um trem que se aproxima e se detém.

Enquanto alguns dos alunos representam esses pequenos esboços coreográficos, os demais poderão organizar a parte sonora, com ajuda eventual do acompanhante musical.

Os recursos da imaginação do professor podem variar os exercícios ao infinito, até que o ouvido do aluno se converta, de auxiliar para manter o tempo, em um órgão de percepção refinado e sensível que o ajude a conquistar meios expressivos, ricos em variedade, quantidade e qualidade.

Todos os demais sentidos captam igualmente realidades que, mesmo antes de ser conscientes, ocasionam um toque sensível, reprodutível na dança.

A dança é uma arte visual, de modo que é indispensável educar a visão do aluno e sensibilizá-lo na captação e realização de linhas e na expressão destas; do mesmo modo, deve-se despertar o sentido da cor, para logo unir os dois elementos.

Sabemos e ensinamos ao aluno que a linha horizontal dá a sensação de calma e inatividade; a vertical, de crescimento e espiritualidade; a diagonal, conforme sua inclinação, de ascensão ou queda.

■ A EDUCAÇÃO PELA DANÇA ■

Após trabalhar sobre a base da linha simples e sua expressão – horizontal, horizonte, barreira etc. –, mostraremos agrupamentos de linhas similares, mesmo que de distintos tamanhos e espessuras.

Depois, agrupamentos de duas classes de linhas; por exemplo, horizontal e vertical na cruz e na grade, diagonais em ziguezague e em riscos traçados e combinadas com horizontais e verticais em células de um favo de mel, desenho de montanhas distantes, rosa dos ventos. Linhas onduladas nos cutelos e dunas, nas ondas, nas copas das árvores, curvas diagonais com curvas verticais nos juncos; enfim, a natureza é tão rica para empréstimos de toda índole que bastará exercitar a imaginação do estudante para que por si mesmo descubra a beleza das linhas até assombrar-nos.

Levaremos depois a classe ao encontro dos planos, apresentando, para sua observação, distintos planos derivados da combinação de várias figuras geométricas, primeiro simples e progressivamente mais irregulares com preeminência de diferentes linhas. Desnecessário acrescentar que cada uma dessas experiências deve ser seguida do comentário dançado da classe.

Mais adiante, passar-se-á à análise da cor, começando pelas quentes e frias mais puras entre as cores primárias e secundárias.

O vermelho, cor ativa e saliente, é fogo, vulcão, abrigo, sangue, e é chamada cor quente.

Com o fito de abrir possibilidades ao aluno, explicaremos primeiro, da maneira menos estática possível, que o vermelho, por exemplo, é a cor do sangue, que representa calor, vida e movimento enquanto está em nosso corpo. Contudo, quando se derrama e/ou esfria, é tragédia, acidente, morte. É também a cor do fogo, e este serve de abrigo no lar, defesa nas fogueiras do homem primitivo e, também, do civilizado quando está em lugares hostis da natureza, destruição no incêndio e dramática transformação no vulcão.

Buscaremos diferentes ritmos e trechos musicais para representar o fogo em suas distintas condições e permitiremos que os alunos dancem de acordo com seu sentimento e sua impressão.

Com o azul estaremos nos infinitos – massa de ar e água – e exporemos em contraste a pequenez de alguma flor: violeta, pensamento.

O verde nos faz penetrar nas cores da vegetação da relva à selva, do trevo ao álamo, e é também a cor do mar, que quando se encrespa tem a atividade de um vulcão, sua força destruidora e igual poder de transformação, ainda que lento.

O amarelo é a cor do sol, pleno de potência vivificante, e da areia, aparentemente imóvel, mas sempre em movimento, que é ingrata no deserto e tão docemente quente na praia.

O alaranjado, cor que soma a força do vermelho e a dinâmica do amarelo, e o violeta, que soma o calor do vermelho e a frescura do azul, são as cores do amanhecer e do acaso, morte e ressurreição, aparição e desaparição que podem se combinar com todos os motivos antes estudados e criar novas situações dancísticas.

Logo passaremos a estudar outras condições, como o grau de visibilidade: nítido; borrado pela distância, fumaça ou névoa; próximo ou distante; transparente ou opaco; estático, ou seja, imóvel; refletido de maneira estática (espelho) ou móvel (água); nítida (espelho) ou borracha (superfície escura).

Além disso, as expressões derivadas da forma: concentradas ou irradiantes; agressivas; suportivas; envolventes por amparo ou ameaça; que se afastam, ou seja, fugitivas; dissolventes, ou seja, o contrário de suportivas. É útil também realizar exercícios de abrir e fechar os olhos alternadamente ou, ainda, em forma conjunta e traduzir esse tremor ou vibração pelo movimento.

Convém, como experiência, iluminar uma pessoa ou objeto de maneira frontal, lateral, zenital ou rasante, e observando as mudanças dar o paralelo expressivo em dança.

Por último, combinar-se-iam várias condições arranjadas de acordo com um plano previamente traçado, como o mostrado a seguir.

COR	VALOR	FORMA	VISIBILIDADE
quente	claro	curva	nítida
frio	médio	angulosa	borrada
neutro	escuro	aberta	em trevas
branco	clareando	fechada	esfumando-se
negro	escurecendo	envolvente	concretando-se
		dissolvente	

MOBILIDADE	ESTATURA	DISTÂNCIA	DIMENSÃO
estática	grande	próxima	alta
lenta	mediana	mediana	larga
veloz	pequena	distante	profunda
acelerando	aumentando	aproximando	alta e profunda
retardando	diminuindo	afastando	larga e profunda

■ A EDUCAÇÃO PELA DANÇA ■

EPISÓDIO DANÇADO, BASEADO EM FORMAS E CORES

Dançar representando uma bola de cor laranja-claro levada pela brisa e refletida nas águas de um lago; de imediato o céu se escurece, o vento começa a soprar mais forte, a bola fica enganchada por seu fio a um ramo, e as águas que refletem o céu escurecido se agitam.

Assim, há infinitas combinações que o professor pode realizar para dar à aula a agilidade necessária, utilizando a conjunção de cor, forma, linha, condições de visibilidade e desenho rítmico do movimento.

Passaremos em seguida às sensações táteis. Começamos dando uma superfície para que seja analisada com os olhos fechados, passando-se primeiro a ponta dos dedos e depois a palma da mão por um objeto que a princípio será muito suave e acariciante, como uma pele de antílope, e pedimos seja feita uma improvisação com movimentos emanados dessa sensação.

Levamos paulatinamente a sensação tátil a objetos menos agradáveis: tecido áspero (serapilheira), papel de lixa em suas diversas grossuras, escova de cerdas, náilon, palha, arame, pontas de alfinete. Continuamos com tantas variantes quantas nos ocorrerem: papel liso, papel-manteiga, papel crepom, papel secante, papel de seda, papel-alumínio, papel-carbono, celofane, gume de faca, seda, lã, pele, fita adesiva etc.

Depois cuidamos da sensação de formas: esférica, cilíndrica, cônica, cúbica ou prismática, pequena, mediana ou grande, quer seja fria, fresca, morna, quente, quer seja ardente. Tocamos vidro, gelo, metal, papel, tecido, madeira, couro etc.

Analisamos então a resistência ou consistência da matéria: pedra, metal, madeira, bola de borracha, novelo de lã, almofada, areia, barro, cremes, argila, molhos.

Em seguida, abordamos a sensação de peso, tanto provando-a na palma da mão, como levantando-o com uma ou duas mãos e outra parte do corpo e, também, observando como a gravidade influi no objeto: papel, gaze, bola, objetos variados.

Já estamos em condições de formar a seguinte escala para combinação de novos estímulos:

Superfície	Formas	Peso	Consistência	Temperatura
suave	curvas	leve	dura	morna
mediana	retas	mediano	elástica	quente

▶

Superfície	Formas	Peso	Consistência	Temperatura
áspera	onduladas	pesado	branda	fresca
rugosa	angulosas			fria
				ardente
				gelada

Então passamos às sensações gustativas – amargo, doce, azedo, salgado, rançoso, picante em distintas proporções –, mais tarde combinadas com sensações táteis de resistência – duro, mole – e de temperatura, como gelado, frio, fresco, natural, morno, quente, fervente.

Por último, analisaremos as sensações olfativas: perfumes adocicados ou ácidos, olores acre, pútridos etc.

Tendo já desenvolvido ao máximo o poder de compreensão de cada um dos sentidos e a capacidade de traduzir em atividade dançada as distintas compreensões, o professor criará sequências de cerca de 32 compassos de duração, tendo por base os temas antes expostos, e depois fará que cada aluno crie suas próprias sequências fixas.

Mais adiante as melhores sequências criadas pela classe, selecionadas pelo professor ou pelos alunos, serão transformadas, mediante sua organização espaçotemporal, em pequenas peças dançadas, feitas pelo professor, sempre representadas por uma quantidade de alunos inferior à da classe (pode ser a metade ou a terça parte dos alunos) para que, realizado o trabalho por turnos rotativos, todos tenham oportunidade de vê-lo e, de acordo com seu grau de avanço nos estudos, expressar sua opinião.

Mais adiante, uma sequência criada pelo professor será transformada em dança pelos alunos mediante arranjos espaçotemporais propostos pelo professor. Assim, progressivamente, os alunos chegarão a compor tanto a sequência como a coreografia (organização espaçotemporal). Nos temas que a princípio foram estipulados pelo professor, os alunos terão participação cada vez mais ativa, até que cada um tenha tido a oportunidade de expor seus próprios temas.

Serão abordados então motivos derivados de uma observação da natureza, como chuva, vento, sismo, erosão, seca, inundação, pragas, e o mundo dos animais domésticos, as aves, os peixes, alguns animais antediluvianos, mitológicos, sua relação com os seres humanos ou lendários.

■ A EDUCAÇÃO PELA DANÇA ■

Serão criadas diferentes fábulas dançadas, já que nestas os animais atuam como homens. Depois serão representadas personagens humanas, que por seus movimentos se comportem com qualidades que se atribuem a certos animais: a obstinação da mula, a laboriosidade da formiga, a manha da serpente, a degradação do corvo, a majestade do condor etc.

Depois se tomarão metáforas contidas em obras poéticas e, mais adiante, poesias de curta dimensão.

De maneira prática, passar-se-á a criar a concepção de estilo. Com essa finalidade, o professor ensinará algumas formas de dança antiga cortesã – minueto, sarabanda, rigodão – e algumas danças folclóricas – gato, jota, tarantela – que serão a matéria-prima para que os alunos realizem organizações espaçoatemporais.

A seguir, uma observação da plástica, tomando desde os documentos pré-históricos até nossos dias, passando por Egito, Grécia etc., e posterior ou paralelamente a música mais adequada ao período, tanto documental como recriada por músicos clássicos ou contemporâneos.

Ao chegar ao período romântico, conduziremos a observação para o mundo interior e individual de cada aluno, realizando trabalhos sobre sensações, sentimentos, reações e caráter, como:

Preguiça: por cansaço, fastio, melancolia, rebelião.
Atividade: como trabalho febril, transbordamento da alegria, luta, destruição, criação.
Confronto: entre atividade e preguiça.
Cansaço: físico leve, por um momento feliz (jogo, passeio, conclusão de uma tarefa); leve e com enfado, como por realizar uma tarefa tediosa ou aborrecida; esgotamento feliz, como por ter triunfado em provas olímpicas; cansaço grande e feliz, como por experimentar algo de que gostamos muito, ou no qual teremos papel muito importante.

Cansaço moral por tristeza, por reiteração de situações dolorosas (êxodo), enfraquecimento sem esperança (final da ópera *Manon*).

Cansaço por rotina, que pode ser de uma única parte do corpo, como mão, pescoço, pernas etc.

Desorientação: feliz, despertar de imediato tendo recuperado um sentido não conhecido (visão, audição, olfato).

Estar em um mundo desconhecido, grato ou ingrato; estar perdido em um lugar, atraído por visões ou miragens que se esfumam, se transformam, se afastam, mudam subitamente de lugar (podem ser também sensações auditivas e olfativas).

Estar diante de um ser que ao mesmo tempo atrai e atemoriza ou causa repulsão.

Interpretar uma camponesa vendo pela primeira vez uma grande cidade na qual está sozinha, ou a um citadino sozinho no campo, em diversas horas do dia e da noite; estar em uma ilha deserta, em uma paisagem lunar. Buscar um objeto na escuridão com os pés ou as mãos, ou com mãos e/ou pés atados: buscá-lo dentro da água, da areia, pendurado entre outros. Encontrar algo inesperado, belo ou desagradável, estranho, evocador alegre ou evocador triste. *Primeiro trataremos de fazer mimo-danças, para depois utilizar o movimento em forma abstrata.*

Dor física: imprevista, leve, contínua, descontínua; imprevista, forte, contínua, descontínua; imprevista, crescente, contínua, descontínua; imprevista, decrescente, contínua, descontínua; crônica; voluntária, como algo necessário a uma cura ou como sacrifício, como castigo, tortura; localizada, errante, total.

Dor moral: por perda material, por perda de um ente querido, por desengano sentimental, afastamento de um ente querido, por perda da integridade física, da saúde ou de algum dos sentidos, do bem-estar material, da juventude ou da beleza, da memória, da liberdade.

Dor moral por ingratidão, por algo inevitável que acontecerá, por remorso. Dúvida, determinação, compaixão, cumprimento de um dever penoso, repugnante, justo; solidão por abandono, solidão desejada, solidão em companhia ou na multidão. Alegria perversa: a que se sente por derrotas em certos esportes, como o turfe e o boxe, ou na guerra; bucólica, ingênua, beatífica, orgiástica. Ira, agressão, passividade, rancor, vingança, impotência, obsessão, inquietude, ressentimento, espera, temor, terror, angústia; opressão respiratória do ambiente etc.

Direcionaremos depois a atenção da classe para certos personagens arquetípicos da literatura clássica, como *Dom Quixote*, da mitologia ou da lenda, e em contraste com estes personagens da vida cotidiana: a passadeira, o futebolista, o vigia.

A essa altura dos estudos já se terá posto em evidência quem tem talento para a atividade criadora e quais são as tendências básicas, mas não se deve cair no erro de rotular o aluno entre expressivo e inexpressivo, passional e frio, dramático e cômico, romântico e técnico etc., já que o ensino abarca um grande período da vida do indivíduo, durante o qual ele muda e evolui, passando de criança a adolescente, de jovem a adulto, de modo que cada dia e cada

O INTÉRPRETE

No transcurso de um espetáculo de dança manifestam-se os desejos e as possibilidades de receptividade e transmissão de coreógrafos, intérpretes e espectadores; todos eles, de alguma maneira, cumprem uma função criativa, transmissora e receptora.

A receptividade do coreógrafo plasma as experiências que lhe oferece a vida em organizações móveis, plásticas, rítmicas e energéticas; a do intérprete outorga vida perceptível e temporal à obra do coreógrafo e transmite a emoção que lhe deu origem.

O público não é fator passivo. Ele torna a sentir a comoção de ânimo elaborada pelo coreógrafo e revivida pelo intérprete para, por sua vez, reinventar a obra e, ainda que de maneira mais passiva, transmitir o que sente aos demais espectadores e ao intérprete.

Todo aquele que tem certa experiência cênica capta a receptividade do público logo que inicia o espetáculo e sabe em que medida este pode ajudar a conseguir uma representação vívida ou o obriga ao trabalho forçado de atuar em monólogo, abstraindo-se em seu próprio sentir.

O grande intérprete nasce e se faz, mesmo com pouca ou nenhuma ajuda; o bom intérprete, em troca, apenas se faz na medida em que seu desenvolvimento seja conduzido.

O intérprete medíocre ou costuma dar somente a parte formal da obra (o que o capacita para fazer parte do corpo de baile), ou a rebaixa até seu nível, de modo que o espectador vê apenas um fantasma, quando não uma caricatura da criança do coreógrafo.

A arte da dança possui a particularidade de ensinar-se na forma de exemplo dançado, acompanhado de explicação oral.

Isso é válido não somente para o estudante, mas também para o dançarino profissional, porque ainda não se adotou um sistema de notação único e universal (apesar de a dança ser a mais antiga das formas de arte).

Existem, no entanto, vários sistemas excelentes, mas eles não são ensinados com a mesma obrigatoriedade ou regularidade com que se ensina a escrita musical, de modo que são apenas conhecidos dos coreógrafos, em geral os reencenadores e alguns especialistas em notação coreográfica. A maioria dos intérpretes desconhece o sistema ou não tem possibilidades de pô-lo em prática.

Por essa razão, quando as obras são contemporâneas, é bastante comum que o próprio autor da obra coreográfica ensine pessoalmente sua parte a cada intérprete.

Nesses casos, quando o intérprete é um grande ou bom criador, as relações com o coreógrafo são ótimas.

O dançarino deixa-se penetrar, nutrir pelo mundo íntimo do coreógrafo (ao mesmo tempo distinto e semelhante do seu). Esse é um ato de fé, amor e comunhão.

O criador sente sempre quando se produz essa transfusão e, nessas ocasiões, costuma tomar consciência da intrincada essência, a química ao mesmo tempo incorpórea, densa e mutável de sua intangível criatura.

Nesse momento, quando se amplia o conhecimento de suas próprias e ocultas motivações, sua palavra costuma fluir ampliando conceitos, cultivando, retocando, aperfeiçoando essa criação que vai tomando vida no corpo realizador do intérprete.

Contudo, quando o intérprete é um pretenso criador, desprovido de talento, de compreensão e até de capacidade ou desejo de imitação, trata de "melhorar" as obras, de ajustá-las a certos cânones já prestigiados e não polemizados.

Então a obra cai no ridículo, achatando com esse peso o dançarino, o coreógrafo e a produção.

Para alguém ser um bom intérprete, deve levar em conta que, embora existam tantos estilos quantos forem os criadores, eles podem ser classificados, de maneira geral, em três tipos principais: a) os que fazem prevalecer a forma sobre o conteúdo; b) os que dão preeminência ao conteúdo sobre a forma; e c) os que equilibram forma e conteúdo.

O intérprete deve tomar consciência dessas diferenças e realizar, dentro da inamovibilidade da forma e da exatidão do conteúdo, uma recriação que respeite as particularidades antes enumeradas, mesmo quando forem contrárias à sua própria maneira de sentir a coreografia.

É fácil para o professor, diretor de conjunto ou coreógrafo conseguir que o aluno seja um bom intérprete de suas próprias combinações ou coreografias. Porém, não é tão fácil conseguir capacitá-lo para enfrentar com sucesso as obras das distintas personalidades que terá de representar ao longo de sua carreira.

Eis aqui vários exercícios que servirão de exemplo para essa finalidade.

O primeiro deles foi-me transmitido pelo professor Masami Kuni: trata-se de dar a cada aluno um modelo para observar entre seus próprios companheiros, professores etc.

■ A EDUCAÇÃO PELA DANÇA ■

Para uma aula posterior, cada aluno deve elaborar um pequeno esboço, quase uma pantomima, destacando os gestos mais característicos de seu modelo.

Depois desse exercício de observação, passa-se a analisar o tipo de movimento dançado que é mais característico de cada companheiro.

Isso se realizará por dois meios: *primeiro*, estudando uma sequência que, uma vez bem aprendida, os estudantes repetirão um a um, sob a análise primeiro silenciosa e depois comentada dos companheiros.

Isso tem de ser feito em um clima de grande cordialidade, sem desmerecer ninguém, fazendo ressaltar as particularidades da personalidade e não os defeitos.

Podemos observar então os matizes diversos que cada personalidade imprime a seus movimentos, de acordo com particularidades de seu caráter: alguns tendem a começar o movimento levando as extremidades desde as pontas, o que dá à dança um caráter majestoso e elegante; outros, pelo contrário, levam todos os movimentos desde o centro à periferia, imprimindo assim a seus gestos uma expressão dramática e certa distorção no corpo; outros, por fim, jogam com os dois arranques ao mesmo tempo, o que torna o movimento hermético e cerimonioso.

Segundo: de imediato, fazendo improvisar músicas de caráter distinto, por grupos e solistas, para que cada um dance espontaneamente segundo seu sentimento.

Desse modo serão observadas acentuadas tendências para o cerebral, o lírico, o intimista, e evidenciar-se-ão os de movimentos vitais, os grandiloquentes ou os que dançam com fruição pela exatidão e segurança.

Cada estudante improvisará ou dançará uma sequência dada ou própria, imitando a cada vez as características de um companheiro diferente, realizando pelo menos três imitações.

Um novo exercício consistirá em separar a classe em pares ou grupos de até quatro estudantes, cada um dos quais ensinará uma sequência de 16 compassos ao resto do grupo. Depois, aos turnos, cada bailarino dançará a sequência à maneira dos outros. Por exemplo, A ensina uma sequência a B, C e D. Depois D a dançará como ele o crê exato e logo à maneira de B e de C.

Mais tarde um aluno criará um tema de 16 compassos e cada um dos outros fará variações sobre aquele, também de 16 compassos de duração.

Depois cada aluno criará uma sequência à maneira de outro e fará dançá-la tanto ao companheiro que tomou como modelo como ao que lhe seja mais oposto na maneira de dançar.

Outras possibilidades podem ser encontradas realizando uma mesma sequência que se fará "passear" por diferentes países e estilos, quer dizer, interpretando-a à maneira egípcia, grega, da Idade Média, do Renascimento, ao estilo espanhol, russo, do tango, do *jazz* etc.

Esse mesmo jogo se repetirá fazendo dançar uma sequência por distintos personagens: um ditador, um herói, um místico, um covarde, um bêbado, uma bruxa, um gnomo ou ainda em distintos estados de ânimo: rindo, com ira, chorando, com aborrecimento, com dor, com excitação.

Em cursos mais avançados, podem-se imaginar quantidades de situações que originem variações no ânimo de personagens tirados da história, da mitologia ou da literatura, variando-os de época e/ou de nacionalidade, ou, ainda, fazendo transcorrer a ação em outros ambientes ou países.

O professor tem quantidade inesgotável de motivos para fazer da aula uma amenidade sempre imprevisível: uma de suas preocupações maiores será a de nunca dar mais liberdade do que a estritamente necessária para a resolução de cada problema colocado. Além disso, deve evitar que se criem pequenos deuses dentro da classe ou, inversamente, que se menospreze o esforço dos alunos menos brilhantes. Deve conduzir a crítica de maneira que os conceitos vertidos por um estudante com relação ao trabalho de outro sejam fundamentados e acompanhados de uma opinião sobre o modo em que resolveria pessoalmente a ação.

Daremos aqui um conselho aos jovens: um artista que faz suas primeiras batalhas e necessita de experiência cênica dançará quantas vezes se lhe apresentar a oportunidade. É possível, neste caso, que lhe aconteça atuar em obras das quais não goste.

Considere, então, que as causas de seu desagrado provenham de três razões:

1. que a obra seja muito avançada para o grau de evolução artística em que você se encontra;
2. que a obra esteja numa tendência ou responda a uma sensibilidade em desacordo com a sua própria;
3. que a obra seja de má qualidade.

Em todos os casos, é provável que o intérprete novato acredite que a última razão é a que motiva seu desagrado.

Porém, cada vez que assume a responsabilidade de uma atuação, deverá realizá-la da melhor forma possível, esmerando-se durante os ensaios e fun-

■ A EDUCAÇÃO PELA DANÇA ■

ções para respeitar fielmente as indicações do coreógrafo, sem cair no ridículo de tentar melhorá-la.

Este é o procedimento que devem seguir também os artistas já tarimbados e todos os profissionais, famosos ou ignorados, já que respeitar a obra e seu autor é também respeitar a arte, o seu ofício e a si mesmo. Muitos artistas independentes, já consagrados, têm por norma dançar toda vez que se lhes apresenta a oportunidade. Possivelmente seja uma forma de autodisciplina, de companheirismo, ou de não perder contato com o palco; minha opinião é que nesses casos, a menos que esteja convencido de que ninguém poderá realizá-lo melhor, o profissional independente deveria abster-se de dançar as obras que não aprecia e oferecer essa oportunidade a outro.

Por último, trataremos de três tipos de enfermidade que atacam com frequência os intérpretes e, além de serem muito graves e contagiosas, transformam-se com muita facilidade em crônicas. As três pragas são: o absenteísmo, a impontualidade e, a pior de todas, a "marcação".

O intérprete pode fazer parte de um conjunto vocacional no qual os ensaios não são remunerados, o que não lhe dá o direito de faltar, já que isso perturbará o trabalho de todos os demais, que deverão recomeçar o trabalho de onde parou o ensaio anterior. Um clima de fastio e desavenças se forma no grupo.

No caso de o trabalho ser remunerado, desconta-se o dia de ensaio do bailarino, o que tampouco lhe autoriza a faltar, pois sua responsabilidade é ainda maior, e o tempo destinado aos ensaios acabará sendo prolongado, o que vai gerar custos extras.

Os atrasos produzem os mesmos transtornos que as ausências, agravados pelo fato de que o coreógrafo ou o diretor se vê obrigado a esperar, juntamente com os participantes pontuais, perdendo-se o entusiasmo, o espírito de colaboração e o tempo; por outro lado, os músculos esfriam ou se cansam com repassagens para preencher o tempo, de modo que ao final do ensaio a sensação de fracasso será inevitável e o pessimismo invadirá todos os ânimos.

A terceira das calamidades é a marcação, estratégia vazia que não engana ninguém, menos ainda àquele que a põe em prática. A marcação encobre quase sempre uma incapacidade; seja por um escasso conhecimento da obra, por falta de treinamento devido a insuficientes ensaios e, em alguns casos, por decadência.

Alguns artistas que, seguros de haver chegado ao máximo de suas possibilidades, têm consciência de que esse máximo é muito inferior ao que haviam sonhado, tomam uma atitude de suficiência diante dos mais jovens e marcam, como para fazer-lhes crer que se não o fazem melhor é porque não querem.

Os jovens, sempre desejosos de parecer mais especializados, imitam muitas vezes esses maus exemplos, crendo que essa atitude é a que corresponde a um profissional. Contra essa crença sentimos o dever de advertir: cuidado! O profissionalismo não está em luta com a arte, muito pelo contrário, quem não for artista nunca será dançarino profissional.

O fato de um dançarino receber ou não remuneração por seu trabalho (e em nossa pátria são muito poucos os que conseguem remuneração) não define seu caráter de profissional, o que se manifesta na seriedade e responsabilidade com que encara sua tarefa.

Afirmar o contrário seria como dar caráter de aficionado a um cirurgião que não cobrasse honorários enquanto um curandeiro, pelo simples fato de cobrar a consulta, seria profissional.

Atenção, pois! Na presença ou ausência de um coreógrafo, sob uma direção exigente ou sem ela, cada ensaio deve ser um passo decisivo para a conquista da perfeição e da própria superação.

PROFESSORES E ALUNOS – MESTRE E DISCÍPULO

Conduta do aluno

A fim de que se possam entender a razão e a forma de aplicar os exercícios que se seguem, daremos uma explicação da diferença que há entre professor e mestre, e entre discípulo e aluno.

O professor retransmite cânones que lhe foram ensinados; o mestre transmite seus próprios princípios.

O aluno toma conhecimento dos cânones que se lhe transmitem e aprende a manejá-los corretamente.

O discípulo herda os princípios que se lhe transmitem e sobre eles estrutura sua conduta artística.

Dentre os discípulos do mestre hão de se formar os seguidores (analistas, classificadores, divulgadores).

Dentre os alunos de um professor, formam-se muitas vezes os repetidores e, entre eles, os malhadores.

■ A EDUCAÇÃO PELA DANÇA ■

O professor transmite seus conhecimentos; o mestre guia seus discípulos para que descubram sozinhos certos fatos e se lhes revelem certas verdades. O aluno é como um motor que necessita da energia do professor para funcionar. O discípulo é um acumulador de energia, que chega a autoabastecer-se. Há professores muito bons, excelentes, bons, medíocres e maus. Por suposição, a mesma escala de valores rege a classificação de alunos.

Por outro lado, é difícil encontrar tanto um professor como um aluno completamente bons ou totalmente maus; comumente suas virtudes compensam seus defeitos, e é necessário que desenvolvam umas enquanto se supre a deficiência dos outros, por uma técnica compensatória.

Há, por exemplo, alunos com grandes condições físicas, mas de pouca sensibilidade; outros, sensíveis, mas com pouca projeção expressiva; outros mais sensíveis e expressivos, mas menos dotados fisicamente. Alguns, ao contrário, amplamente dotados de todos esses dons, não possuem musicalidade.

Ainda dentro das condições físicas, apreciam-se distintas classes de facilidades: uns podem girar com admirável justeza, outros ainda possuem grande potência no salto, outros têm invejável flexibilidade, outros ainda se destacam pela rapidez em aprender as sequências mais intrincadas. Há quem lute durante toda uma carreira para manter altas e abertas as posições, enquanto seu companheiro o faz desde o primeiro dia, e há quem possua um domínio assombroso sobre o equilíbrio, ao passo que ao outro basta levantar uma perna do solo para perder a estabilidade.

A mesma diferença existe entre os professores, e é por essa razão que um professor pode ser extraordinário para alguns alunos e, ao mesmo tempo, não ser conveniente para outros.

Em geral, os professores ensinam melhor aquilo que constitui seu forte, ou então aquilo para o que não tinham dotes naturais e lhes custou trabalho conquistar.

Em outra ordem de coisas, há professores que preferem exigir e alunos que necessitam ser exigidos, ao passo que outros professores tendem a ser estimuladores e alguns alunos precisam de estímulo.

Em uma mesma aula, dividem a atenção do professor o estudante a quem o grito mantém sempre alerta e aquele a quem os gritos aturdem e inibem, e em uma mesma escola cumprem suas funções o professor de tipo paternalista e o que se assemelha a um domador. Em cada um deles, a qualidade se dá diversamente, e a gama de qualidades não depende da forma de ser do professor, mas de seus conhecimentos, seus métodos e suas condições didáticas.

A relação que se estabelece entre aluno e professor definirá os resultados obtidos ao cabo de um tempo de estudo.

É necessário tomar cuidado, portanto, para não correr de um professor a outro só porque um companheiro o fez obtendo progressos, ou porque corre o boato de que "fulaninho" é capaz de transformar em uma estrela o indivíduo mais maldotado.

É preciso provar, analisar-se, exigir-se, perseverar, já que entre os estudantes, como entre toda massa consumidora, a propaganda é um instrumento posto a serviço de interesses econômicos, e hoje se levanta um ídolo para derrubá-lo amanhã. Somente os que subiram por seus próprios méritos permanecem respeitados, ainda que não isentos da difamação interessada ou fruto do ressentimento.

O aluno tem certas regras para seguir, que parecem mais fáceis de enunciar do que de cumprir.

As três primeiras são: não estabelecer comparações durante o período de estudo, não prejulgar e não desprezar.

Às vezes, um estudante inscreve-se e assiste às aulas de um professor depois de ter se afeiçoado pela pessoa e pelos métodos de outro.

Nesse caso, a nova modalidade facilmente o desconcertará e seu rendimento se ressentirá por um tempo. Contudo, uma vez aparadas essas dificuldades, voltará ao ritmo anterior, enriquecendo-se com uma nova experiência que o tornará mais ágil, mais apto para realizar boas interpretações de diferentes coreógrafos.

Outra conduta sadia é perguntar para instruir-se e / ou aclarar os conceitos, nunca para demonstrar quanto se sabe ou pôr à prova a sabedoria do professor. Quando um aluno ou um grupo de alunos assume esta última conduta, o destinatário percebe-o e pode chegar a alimentar ressentimento nefasto para o posterior desenvolvimento da relação.

A regra inflexível deve ser: não trabalhar nem um pouco menos do que o máximo possível, não desperdiçar o tempo de aula, que é irrecuperável.

Desperdiçamos uma aula quando a fazemos demasiadamente passiva, esperando que o professor resolva todos os problemas, e também quando assumimos a conduta contrária, atuando para o próprio brilho, de modo que se o professor exige uma posição de 45 graus, para estarmos de acordo com um estilo ou uma linha, elevamos as pernas ao máximo das nossas possibilidades; ou quando solicita um único giro em um tempo exato de realização e fazemos três voltas terminando meio compasso mais tarde; ou quando nos empe-

A EDUCAÇÃO PELA DANÇA

nhamos em aperfeiçoar um salto baixo, mas com um atento trabalho nos dedos, arcos e peito do pé, tratamos de imitar as lagostas, deixando os pés lassos como meias vazias.

Desperdiçamos uma aula quando queremos demonstrar muita astúcia diante dos companheiros, fazendo o maior esforço no momento em que acreditamos que o professor está vendo, para descansar, marcando, quando sua atenção dirige-se para outro lado. Com esse jogo desgastante, cultivamos o desprezo do professor, que, se faz "vista grossa" por comodidade, não tardará em ajustar contas, tão logo se apresente a oportunidade, pois se reagir no ato poderá deteriorar o clima da aula. Não há por que enganar-se: um professor experimentado conhece a expressão do rosto do aluno, mesmo que este esteja de costas, pois o rosto é apenas uma síntese expressiva do estado de ânimo, que o dançarino traduz em todos os músculos de seu corpo.

Toda aula é um período completo dedicado ao aperfeiçoamento de um ser ou de um grupo humano por meio da aquisição de conhecimentos, sensibilização de recursos motores e melhoria da realização.

Quando a entrega é deficiente por inibição, falta de apreço ou distração, perde-se uma possibilidade que já não pode ser resgatada.

Os grandes artistas costumam ter aulas com professores modestos, guardando durante o transcurso da aula um respeito religioso por aquele que a está conduzindo; desse modo, mantêm e aperfeiçoam sua técnica e sua atuação.

A conduta entusiasta é a melhor demonstração de apreço, mais gratificante para o professor que adulações, aplausos ou presentes.

Conduta do professor

Mas não se deve crer que apenas o aluno necessita de regras de conduta; também, e em maior grau, ela é imprescindível ao professor.

Essa conduta difícil, mas que sua própria ética deve exigir-lhe, pode ser sintetizada em uma palavra: equilíbrio.

Para exercer a arte da docência, é necessário ter um programa de ensino e um plano de realização. Mas o professor deve ser dono e não escravo desses planos, e os programas devem funcionar como guia condutor da liberdade e não como seu entrave.

Há duas grandes tentações no trabalho do professor: uma consiste em pretender a perfeição de cada um dos movimentos. Essa perfeição é impossível nos primeiros tempos, e a repetição exaustiva de um gesto, em lugar de contribuir para sua melhoria, faz perder a visão de conjunto e chega a aborrecer o aluno, que acaba por executar movimentos diluídos e vazios, provocando também desgaste da vontade do educador. A tentação contrária é a pressa. O professor quer ensinar em um ano de estudos o que ele adquiriu, com esforço, ao longo de toda sua carreira.

Essa é uma posição muito perceptível no professor novato, que se acha inclinado a atuar com demasiada velocidade, pensando que a explicação e a demonstração verbal de fato podem suprir a prática progressiva dos exercícios, esquecendo-se de que a experiência pessoal é intransferível e de que seu trabalho é o de reeditá-la, com modéstia, em cada um dos educandos.

Com esse erro, o processo de assimilação desvia-se, pulando etapas imprescindíveis, com o agravante de que, quando os novos conhecimentos forem ensinados no seu devido tempo, terão perdido seu frescor e interesse, não chegando dessa forma a realizar-se com correção.

Outra das grandes tentações é a de dedicar-se de maneira exclusiva ao aluno brilhante, ignorando aquele outro não menos valioso que se esforça para progredir, obtendo um resultado cotidiano menos visível. O erro contrário consiste em cansar o conjunto de alunos de nível mais elevado, ocupando-se exclusivamente em fazer progredir os menos dotados. Com essa conduta, os primeiros diminuirão seu rendimento, ao passo que os outros sentir-se-ão diminuídos ao colocar-se tão em evidência seu desnível.

É necessário estimular com muita cautela tanto uns como outros para evitar a entronização de pequenos ídolos, com as nefastas consequências de preconceitos, rivalidades, divisões, retraimento e ressentimento. Os que logo captam uma combinação de movimentos podem ser designados às vezes para ajudar seus companheiros mais lentos a dominar uma sequência. Por sua vez, os realizadores menos brilhantes podem, em caso de boa memória e assistência, ser designados para mostrar a seus companheiros, ausentes à aula anterior, o trabalho nela realizado.

Mas cuidado! Essa forma de atuar não constitui descanso para o professor, que, pelo contrário, deve estar atento para que essas mútuas "ajudas" necessárias ao aluno e não ao professor desenvolvam-se dentro de um clima de respeito, companheirismo e cordialidade, destacando a eficácia desse trabalho quando por esse meio se possam estimular os mais inibidos.

Outro dos equilíbrios que se deve buscar é o da proporção entre conteúdo e forma. Nenhum movimento deve ser vazio: todos devem realizar-se milhares de vezes no transcurso de uma carreira, e em cada oportunidade devem ser feitos como fato único, recém-descoberto e irrepetível. O conteúdo do

■ A EDUCAÇÃO PELA DANÇA ■

movimento, por sua vez, não deve provocar a mínima alteração da forma; pelo contrário, deve exaltá-la e contribuir para seu aperfeiçoamento.

Uma das tentações que o professor deve evitar é a de ensinar de maneira demasiadamente acentuada aquilo que constituiu "seu forte". Embora seja certo que isso ele o transmitirá com os melhores resultados, também deverá considerar os "fortes" dos distintos alunos, de modo que, alternativamente, sintam o prazer de destacar-se dos companheiros e, depois, com melhor ânimo, enfrentar os movimentos que lhes apresentem mais dificuldades.

Alguns dos perigos que com maior insistência espreitam o professor são o aborrecimento e a rotina, muito mais nocivos que o cansaço físico, já que o aluno, ainda que com dificuldade, pode suprir este último com sua própria compreensão e vontade.

Mas quando o professor, em vez de empreender com seus alunos a aventura de uma nova aula, estabelece uma barreira e transforma os minutos de ensino em uma sucessão rotativa de ordens e obediência, converte a docência em um confronto estéril do qual só se obtêm experiências negativas.

Só em uma coisa o professor deve ser categórico e absoluto: em sua própria disciplina, produto de uma autocrítica estrita e um constante esforço de aperfeiçoamento.

Os dois vícios mais destrutivos dos quais devem se precaver tanto o professor novato como o experiente são o de acreditar-se o melhor e insubstituível e o de considerar o aluno como um objeto de sua propriedade, a quem outros professores não têm nada a oferecer – pelo contrário, contribuirão para destruir o que ele conseguiu construir.

Diz-se com demasiada ligeireza que um professor de arte não necessita ser artista. Essa é uma crença muito divulgada que repousa em um erro crasso.

O professor deve trazer sempre dentro de si o artista; caso contrário, só ensinará (no caso da dança) esquemas de movimento como cascas vazias. O professor que uma vez foi artista é ainda melhor e mais completo, e se ele ainda exerce o ofício está em condições ideais, por sua atualização e contato com os mutantes, ainda que eternos, problemas do ofício.

Mas certamente não se pode cair no erro contrário de acreditar que todo grande artista pode ser um bom professor ou que o artista, ao aposentar-se, está em condições de dedicar-se, sem outra capacitação e conhecimentos, à docência. Para ser professor são necessários dotes naturais, vocação e conhecimentos especializados.

No entanto, a presença de um grande artista e seu contato pessoal, ou por intermédio de sua obra, podem oferecer experiências proveitosas para toda a vida.

Nunca fiz uma aula com Dore Hoyer, mas dela recebi grandes lições porque suas danças eram execuções mestras, assim como as de Joos e tantos outros artistas, cujas obras perduram em minha recordação, muito mais enraizadas e frutíferas que as melhores lições de bons professores.

SEGUIDORES E MODA

Formação do seguidor

Afirmamos anteriormente que dos discípulos de um mestre surgem os seguidores, os teóricos, os críticos, os que recolhem piedosamente o calor e a luz que irradiam do criador, o qual, normalmente premido pela necessidade de fazer, não encontra tempo para o trabalho de reunião do feito.

As tarefas pertinentes ao seguidor são: a) a análise; b) a comparação; c) a qualificação; d) a classificação; e) o ordenamento; f) a teorização; e g) a divulgação.

Entramos aqui em um campo mais intelectual, e ainda que o seguidor seja atraído pela arte do mestre de maneira mais afetiva e instintiva deve possuir certas condições que o levem ao terreno da investigação, da crítica e da divulgação.

Para ajudar na formação desse especialista, cujo esforço é o que consegue entesourar as características dos mestres e com elas forjar as escolas sobre as quais se sustenta o futuro de nossa arte, podemos criar uma infinidade de exercícios, dos quais veremos alguns exemplos.

EXERCÍCIOS DE ANÁLISE

a) *Análise de forma espacial*
1. Mostrar poses de dança, analisar as linhas: retas, curvas, angulosas.
2. Mostrar pinturas e esculturas egípcias, gregas e de outras culturas da antiguidade. Analisar as linhas; criar poses, imitando-as.
3. Fazer movimentos de dança, um só passo repetido de um e de outro lado ou uma sequência de quatro compassos, tratando de utilizar quase exclusivamente essas linhas.
4. Analisando novamente a linha desenhada pelo movimento, achar a que represente exatamente o contrário.
5. Criar uma sequência baseada nessas linhas exatamente contrárias.
6. Alternar uma e outra sequência.
7. Criar uma passagem intermediária baseada em linhas mistas, isto é, mesclando os elementos lineares de uma e outra sequência.

A EDUCAÇÃO PELA DANÇA

8. Alternar as três sequências de acordo com um plano previamente estabelecido; por exemplo, sequência ondulada (A) uma vez, sequência mista (C) uma vez, sequência ziguezagueante (B) duas vezes. Depois, repetir: uma vez (A), uma vez (B), uma vez (C) e outra vez (A).

b) *Análise de forma temporal* (compasso)

1. Montar uma pequena frase dançada em compasso de dois tempos, fazendo um movimento de tipo percursivo, como se fosse marcado com o final de cada movimento o tempo forte de cada compasso.

2. Fazer repetir a frase dançada pelos alunos, cuidando de sua exata realização, especialmente no que concerne ao acento rítmico.

3. Fazer o aluno caminhar em um compasso de três por quatro, de modo tal que o contato do pé com o solo produza-se no primeiro tempo, o içamento do outro pé no segundo tempo, e seu avançar pelo ar no terceiro tempo.

4. Fazer uma pequena frase dançada com os braços, também em compasso de três tempos, pondo muita atenção em que cada movimento abarque a exata duração de um compasso.

5. Unir a marcha ao movimento.

6. Fazer o aluno caminhar em um compasso de quatro por quatro, apoiando o pé no primeiro tempo do compasso, enquanto levanta o outro no segundo, passa pelo lado da outra perna no terceiro e aponta na direção do próximo no quarto.

7. Fazer movimentos de braços e tronco, de quatro tempos exatos cada um, sempre em compasso de quatro por quatro.

8. Unir os exercícios 6 e 7, de modo que os movimentos do tronco produzam-se ao mesmo tempo que a marcha.

9. Fazer caminhar apoiando o pé no primeiro tempo de um compasso de quatro por quatro, realizando um acento no ar no terceiro tempo (semiforte do compasso).

10. Inverter o acento, realizando-o nos tempos fracos, segundo e quarto do compasso.

11. Alternar de maneira regular os exercícios 9 e 10: dois passos com o acento no ar no terceiro tempo, dois com o acento no ar no segundo e quarto tempos.

12. Unir ao exercício anterior os movimentos de braços e pernas, tal como no exercício 7.

13. Fazer ouvir músicas de distintos compassos com a finalidade de que percebam as diferenças.

14. Fazer que o acompanhante (pianista ou outro músico) improvise, mudando o compasso, e que os alunos improvisem também em um compasso preestabelecido e durante todo o tempo em que este dure. Ao mudar o compasso, a dança cessará até que reapareça. No caso de não dispor de um acompanhante, podem-se gravar diversos fragmentos musicais.

15. Estabelecer condições para cada tipo de compasso. Por exemplo, cada seis por oito, nível baixo (ajoelhados, sentados ou deitados); compasso de quatro por quatro, movimentos ascendentes com marcha avançando em distintas direções; compasso de três por quatro, dividir a dança com um companheiro, tendo algum contato, como dar-se uma das mãos, pegar no ombro, na cintura etc.; compasso de dois por quatro, movimentos de salto; assim, os alunos improvisarão durante todo o tempo, respeitando as condições estabelecidas para cada compasso.

16. O professor realizará sequências dançadas (sem música), e os alunos deverão identificar qual é o compasso delas.

c) *Análise do desenho espacial coreográfico*
Evoluções

1. O professor criará uma sequência que avance do fundo à frente.
2. Fará que os alunos elaborem e obtenham modo de realizá-la de frente a fundo, depois em diagonal, em círculo, em ziguezague e em linha ondulada.
3. Criará para os alunos uma nova sequência e fará que eles encontrem a forma de passá-la para os níveis baixo, mediano e alto, assim como ascendendo ou descendendo de níveis.
4. Fará que, durante o curso, pensem em oito formações distintas: roda, triângulo, linhas e formações regulares ou irregulares, monumentais ou geométricas. Essas figuras devem ser realizadas de maneira sucessiva com distintos portes de braços e tronco, por meio de uma marcha comum, valseada, rebolada, fixada, com meios giros ou qualquer outra. A marcha entre uma e outra formação deve durar oito contagens, que podem realizar-se a um passo por compasso, dois passos por compasso, três passos por compasso, um passo cada dois compassos, ou qualquer outra forma no início simples e progressivamente mais complexa.
5. Designar-se-á um solista, que deverá improvisar 16 compassos seguidos e estabelecer uma pausa de oito compassos para que o corpo de seus companheiros realize a primeira das formas à maneira de resposta;

■ A EDUCAÇÃO PELA DANÇA ■

depois o solista improvisará outros 16 compassos, e o corpo de baile realizará sua segunda formação; assim se continuará até que se tenham cumprido as oito formações espaciais.

6. Voltar então a realizar esse exercício, dando-lhe certa expressividade; por exemplo, a figura solista é um ser doente e o coro, um conjunto de espíritos que o consola, ou ainda o solista defende-se e roga ao coro, e este acusa. O professor poderá encontrar milhares de fórmulas, e depois os próprios alunos criarão tanto o tema como as formas apropriadas à sua tradução espacial.

7. Agora serão invertidos os termos, quer dizer, o coro estará em uma formação e nela realizará 16 compassos de movimento, ficando então estático. O solista realizará então uma resposta de oito compassos; durante os quatro seguintes, dançará dirigindo-se ao coro para repelir, destruir e chamar uma nova formação e, nos quatro restantes, o coro assumirá uma formação. Esse jogo repetir-se-á também de quatro a seis vezes, conforme seja maior ou menor a duração estipulada para cada compasso.

8. Colocar-se-ão os alunos em linhas intercaladas e se pedirá a um aluno que, com a maior economia de movimentos e mudando de lugar a menor quantidade de dançarinos, consiga uma figura visivelmente diferente. Uma vez realizado isso, será solicitada a ele ou a outro aluno uma nova mudança em iguais condições; assim se continuará até que todos tenham tido sua oportunidade.

9. Sobre a mesma base, quer dizer, recordando as mudanças e figuras obtidas, far-se-á dançar cada formação uma sequência de 12 compassos, tratando de que a figura adquira distintas inclinações mediante mudanças de níveis e de direções dos dançarinos. Por exemplo, uma figura de círculo ou losango pode assumir o aspecto de plano inclinado se os dançarinos da frente estiverem em um nível mais baixo e todos os integrantes da figura tomarem uma posição inclinada, que ascende progressivamente para trás.

10. Oferecer aos alunos alguns esquemas espaciais com duas figuras frente a frente deslocando-se pelo cenário, aproximando-se e afastando-se entre si simétrica e/ou assimetricamente, dando-se depois as costas; posteriormente, uma olhando a outra que lhe dá as costas. Pedir aos alunos que busquem uma relação entre o esquema e a ação dramática que ele poderia representar. Pedir que coloquem os movimentos dançados concordes com a representação do tema surgido.

■ PAULINA OSSONA ■

11. Oferecer outros esquemas com figuras estáticas contra outras dinâmicas, com mudanças de níveis preestabelecidos, com diferentes linhas de movimentos: angulosa-reta, ondulada-curva. Também com diferentes condições: pesado, suspenso, ligado, cortante, picado.

12. Realizar uma improvisação entre duas pessoas (16 compassos) de modo que, enquanto a figura A realiza um desenho espacial nítido, a figura B observa em pose ou repouso. Chegada sua vez, B realizará seus 16 compassos traçando um desenho espacial o mais diferente possível do que havia realizado A. Depois A fará uma variante de seu primeiro desenho, e B responderá da mesma maneira, e assim sucessivamente durante um lapso de seis ou oito vezes.

d) *Análise do esforço*
Grau de energia

Mudança de esforço por razões de ordem física: resistência.

1. Fazer os alunos realizar os esforços de subir, baixar, empurrar, arrastar, atrair, separar, juntar objetos de diferentes pesos e/ou volume.

2. Reproduzir o esforço eliminando a presença do objeto.

3. Utilizar o mesmo grau de energia em um traçado espacial distinto; se era de lado a lado por cima, fazê-lo de trás para a frente em linha reta, de cima abaixo ou pela frente etc., e durante um tempo maior (pelo menos de tripla duração).

4. Ajudando-se mediante a oposição de energias próprias, ou com o apoio dos companheiros, os alunos reproduzirão o esforço com as pernas, a cabeça, o tronco e partes do tronco ou das extremidades.

5. Realizar os mesmos esforços sem a resistência.

6. Mudar o esquema espacial e/ou temporal.

7. Reproduzir o esforço de romper: perfurar, quebrar, rasgar, desgastar, cortar distintos materiais frágeis e resistentes, elásticos, pegajosos etc.

8. Realizar todos os esforços já estudados em condições de muita cautela por diversos motivos, como levantar um recipiente de água fervente que, ao virar-se, poderia queimar-nos; afastar de si um artefato pesado que poderia estourar; mudar de um lugar a outro uma enorme bolha de sabão; baixar um objeto precioso, cuja superfície está nesse momento recoberta por uma substância que o torna escorregadio; pentear os cabelos enredados de um bebê, passar a ferro uma

A EDUCAÇÃO PELA DANÇA

peça de encaixe muito antiga, levantar um fio com sininhos amarrados sem fazer soá-los.

9. Aumentar o traçado espacial de algum dos movimentos nomeados no exercício 8 e acrescentar-lhe três variantes de traçado espacial; repetir esses quatro movimentos com outras partes do corpo; por exemplo, se a mão descreve uma curva anteroposterior, o tronco fará uma curva de um lado a outro passando pelo ponto mais alto, enquanto a perna irá de frente para trás, passando pelo lado do corpo.

10. Analisar os movimentos da vida cotidiana: bordar, abotoar, abrir uma porta, passar e voltar a fechá-la, folhear um livro em busca de algo escrito, escrever.

11. Reproduzir o traçado espacial com diferentes partes do corpo.

12. Realizar os mesmos movimentos do exercício 10 em distintos estados de ânimo, para analisar o grau de energia e a velocidade.

13. Criar (primeiro o professor e depois os alunos) sequências derivadas desses movimentos, tal como se viu no exercício 9.

DESENVOLVIMENTO DA FUNÇÃO CRÍTICA

1. O professor distribuirá entre seus alunos planilhas nas quais figurarão diversas particularidades do movimento. Para começar, figurarão na planilha apenas duas condições: a de velocidade – classificada em rápida (R), mediana (M) e lenta (L) – e a de desenho do movimento axial – isto é, da figura em si com ausência da evolução, classificando-o como reto (Rt), ondulado (O) e anguloso (A).

2. Os alunos assistirão à explicação e demonstração do que se entende por lento, rápido e mediano, assim como qual movimento se denominará reto, ondulado e anguloso.

3. Um grupo de alunos será designado para realizar uma improvisação sem música e, de preferência, sem tema, ou com um tema muito abstrato e pessoal. Por exemplo, como sinto a cor, o som, a música, a arquitetura, a dança, a pintura, o amor.

4. O resto do grupo observará atentamente a improvisação de seus companheiros e marcará na planilha sua opinião sobre as condições de movimento de cada um deles.

Detalharemos uma planilha como exemplo, embora estejamos seguros de que cada professor poderá fazê-lo melhor e de que mesmo os próprios alunos possam tomar iniciativas muito interessantes nesse sentido.

Planilha para a primeira classificação dos companheiros

	Nome	*Velocidade*	*Desenho*
do crítico	N.N.	R-M-Lt	O-Rt-A
do executante	Nora	X — —	— X —
	Pedro	— — X	X — —
	Cláudia	— X —	— — X
	Aníbal	— — X	X — —

Assinatura do crítico

A cruz indica a qualidade encontrada.

5. Agora o grupo que observava dançará enquanto os outros observam. Assim prosseguirá até que todos tenham feito as experiências tanto de observar como a de ser observado.

6. Em uma próxima oportunidade, exercitar-se-á a observação sobre o uso da gravidade, classificando os movimentos em: pesados (P), deslizados (D) e leves (Lv), e a tendência geral dessa improvisação: tendência ao salto (S), ao giro (G), à flexibilidade (F). Por tendência à flexibilidade, entendo aqueles estudantes que preferem realizar grandes inclinações e curvaturas da coluna, altas elevações de uma perna e movimentos plásticos em geral.

7. Na terceira etapa classificar-se-ão o uso da translação no espaço – muita translação (TT), moderada (T), nenhuma (NT) – e o grau mais usual de energia: alto grau de energia (E), moderado (Md), muito pouco ou fraco (Db).

8. Por último estimular-se-ão os alunos a fazer observações pessoais, por exemplo: Rosa tem tendência a fazer movimentos deitada e de nível baixo, Susana deixa-se levar pelo movimento e esquece o tema, Cláudia tem tendência para a pantomima, Laura quase não move os pés etc. O professor precisa ter paciência por duas razões: a primeira delas é que nos primeiros momentos a relação amistosa ou inamistosa e a simpatia ou antipatia entre companheiros interferem com maior preeminência do que o bom critério. Ele tem de conduzir o aluno para levá-lo paulatinamente ao uso desapaixonado da observação, comparação, reflexão, cortesia e espírito de justiça e, gradualmente, passar da análise grosseira à sutil.

Deve considerar, além disso, que durante o primeiro período de estudos os alunos tendem sempre a improvisar no nível baixo, ou seja,

■ A EDUCAÇÃO PELA DANÇA ■

deitados ou ajoelhados ou sentados, a mover principalmente os braços e algo do tronco e a não utilizar o espaço para nada, ou no máximo a vaguear pela aula sem consciência espacial.

9. Agora as planilhas consistirão em um exame quase completo de cada improvisação. O professor encontrará muitas outras condições para a análise. Por exemplo, movimento ligado, fluido, cortado, coordenado, dissociado, controlado, impulsivo etc. (veja um exemplo na página seguinte).

10. Durante todo o processo, far-se-á a crítica de críticas, quer dizer, as opiniões serão lidas, cotejadas e discutidas até que os alunos dominem essa função analítica, base fundamental da crítica.

11. Começaremos agora um trabalho dedicado à análise temperamental do e pelo estudante. Para isso, faremos executar uma sequência que seja possível de realizar de maneira muito lírica ou muito dramática. Deve ser uma combinação de movimentos muito rica e muito bela, de modo que o professor deve criá-la.

12. Uma vez aprendida, pede-se ao aluno que se concentre nela e a sinta profundamente. Em seguida, é solicitado a ele que explique o que sentiu ou quis expressar.

13. Ensinar uma nova sequência e fazer um grupo observar enquanto o outro atua. Os observadores deverão interpretar o que os executantes sentiram.

14. Harmonizando a interpretação do observador com a declaração do executante, confeccionar-se-á também uma tabela como a seguinte:

Tabela de valores subjetivos: classificação temperamental

Nome	*Maria*	*Délia*	*Estela*
Improvisação nº 1	ternura	solidão	súplica
Improvisação nº 2	triunfo	esperança	gratidão
Improvisação nº 3	decisão	decepção	dor

Nome	*Jorge*	*Roberto*
Improvisação nº 1	nostalgia	sonho
Improvisação nº 2	pena	exaltação
Improvisação nº 3	remorso	justificação

15. Cotejando as tendências das diferentes interpretações de cada indivíduo aos esquemas de movimento dado, fazer a classificação dentro dos termos seguintes ou outros que o professor propuser: otimista, pessimista, introvertido, extrovertido, combativo, passivo, mutável, lírico, dramático, heroico.

Nome	Velocidade	Desenho	Gravidade	Tendência	Energia	Translação	Obs.
Do crítico	R-M-L-	O-Rt-A-	P-D-Lv-	S-G-F-	E-M-Ob-	TT-T-NT	
Do intérprete							
Lúcia	–X–	–X–	–X	X–	X–	–X	dem. hermético
José	X–	X–	–X	–X–	–X	X–	excesso de repet.

Assinatura do crítico – *Assinatura* dos intérpretes com sua opinião

Lúcia — — — conforme — parcialmente — desconforme — assinatura

José —————— conforme — parcialmente — desconforme — assinatura

(assinalar o que lhe corresponda)

■ A EDUCAÇÃO PELA DANÇA ■

16. Escrever algumas frases na lousa, extraídas de textos poéticos, obras de teatro, novela etc.

17. Dançar algumas sequências (não tantas como as frases escritas).

18. Os alunos deverão opinar sobre qual frase pode ter dado origem a cada uma das sequências.

DESENVOLVIMENTO, ANALOGIA E SÍNTESE

São as especialidades que o teórico deve dominar, ou seja, o que, partindo dos conceitos de um criador, levará esses princípios à formação de uma escola.

Desenvolvimento

1. Partindo de um movimento muito simples, realizá-lo primeiro com uma parte do corpo. Por exemplo, subir e baixar o braço ao longo do tronco. Fazê-lo no lugar, caminhando em diferentes direções: com os dois braços de uma só vez, uma vez por compasso, duas ou mais vezes por compasso, alternando os braços; girando; saltando; realizando a metade do movimento, quer dizer, do ombro até em cima ou vice-versa, ou de baixo até o ombro e vice-versa; levar o mesmo movimento à linha horizontal, de frente para trás e vice-versa ou de um lado a outro; realizar o movimento acompanhado com igual ação do corpo, ou com ação contraposta – por exemplo, os braços sobem e o corpo cai adiante ou para o lado, ou atrás; depois, os braços baixam e o corpo se recupera; realizá-lo com a perna adiante, de lado, atrás, de trás para diante e de lado a lado.

2. Dar como base outro movimento e fazer que os alunos desenvolvam uma parte da aula, tal como se fez no exercício 1.

3. Dar como base um pequeno grupo de movimentos encadeados (quatro compassos) e pedir que o desenvolvam em longitude de duração, agregando movimentos sem prolongar a duração, repetindo o encadeamento com variantes, duplicando ou triplicando a quantidade de alguns elementos, agregando executantes e fazendo-os trabalhar em formas sucessivas e simultâneas, ou ainda deslocando-as no espaço, e tudo que o professor encontre que seja necessário e desperte interesse.

Analogia

4. É também imprescindível que os alunos saibam detectar o verdadeiro e o falso, o trabalho de busca e caracterização da cópia mais ou menos dissimulada.

■ PAULINA OSSONA ■

Com a finalidade exposta é importante dar-lhe a descobrir semelhanças. Por exemplo, criar-se-á um esboço de dança que, começando com um grande círculo no sentido horário, conclua com duas diagonais, uma do fundo esquerdo ao centro da frente cênica, e a segunda a partir desta última posição até o fundo direito. Um segundo esboço, realizado em outro ritmo com distinta qualidade de movimento, começará com uma diagonal de frente direita a contrafundo e outra desfazendo o feito e continuará com um círculo ao lado direito do cenário, unido a outro do lado esquerdo. Os alunos deverão encontrar a semelhança dos dois esboços.

5. Um novo esboço será realizado, a primeira vez de frente para o público e de modo muito veloz; a segunda vez, de perfil e muito lentamente.

6. Dois esboços completamente distintos em tempo, direção de movimentos e grau de energia. Por exemplo, marcha e canção de ninar serão realizadas pelo professor em idêntica organização espaçotemporal. Para o caso: tema A, espiral levada do centro ao exterior; tema B, linha ziguezagueante atravessando diagonalmente o palco; tema C, espiral efetuada no exterior ao centro.

7. Depois se pedirá ao aluno que realize dois esboços de caráter dissimilar, mantendo o mesmo delineamento espaçotemporal em ambos, quer dizer, a mesma figura no mesmo tempo, com outros movimentos e expressões e vice-versa, isto é, idênticos movimentos em distintas formações e ritmos.

Síntese

8. No que se refere à síntese, far-se-á que os alunos extraiam o objetivo técnico de uma aula. Por técnico, entende-se que pode ser um objetivo de maior capacitação rítmica, de destreza corporal, de expressão ou qualquer outro.

9. De uma longa sequência, extrair os movimentos básicos; e de uma dança, extrair a sequência ou movimento tema.

COORDENAÇÃO

Além de classificar e ordenar, o seguidor deve coordenar os distintos elementos que o mestre lhe ofereceu, de maneira a formar com eles um todo harmônico. Alguns exercícios de coordenação ajudá-lo-ão a fazer dessa disciplina uma força a seu favor.

■ A EDUCAÇÃO PELA DANÇA ■

1. O primeiro exercício consiste em construir duas sequências para ser utilizadas em um esquema coreográfico e separar a classe em três grupos, dois dos quais terão uma sequência designada, e um terceiro coordenará as sequências: primeiro, de acordo com um desenho espacial dado pelo professor, de modo que terá de realizar uma construção temporal, repetindo, fragmentando, respondendo, dançando os grupos em uníssono ou sucessivamente, quer seja de costas, de frente, quer de perfil, e quantas variantes lhes ocorram.

2. A segunda vez lhes dará o esquema temporal e deverão coordenar a forma espacial: linhas encontradas, círculos (concêntricos ou não), traçados similares ou contrastantes de ambos os grupos.

3. Por último, deverão resolver tanto a ordem espacial como a temporal.

4. O professor dividirá uma sequência bastante longa, quer dizer, de uns 16 a 32 compassos, em fragmentos de quatro compassos cada um.

5. Todos os fragmentos serão ensinados, mas não em uma ordem sucessiva, e sim de maneira caprichosa.

6. Os alunos deverão reconstruir a frase dancística na ordem lógica em que foi criada. É como se separássemos as palavras de um refrão, por exemplo: "Boa há duro para fome não pão". Uma vez ditadas as palavras nessa ordem, os alunos deverão ordenar a frase: "Para boa fome, não há pão duro".

Cada um dos pontos tratados neste capítulo dedicado ao seguidor porá em relevo as condições dos alunos para os diferentes trabalhos. Assim, ao se classificar o tipo de movimento, a condição temperamental, a tendência plástica ou musical, a capacidade de síntese e de desenvolvimento, a agudeza para detectar as similitudes, poder-se-á depois fazer com facilidade o cotejo das condições, classificando cada uma, de maneira que se terá uma espécie de esquema da personalidade, com um panorama muito claro de quais devem ser incrementadas, estimuladas e desenvolvidas, ou a destacar diante de um possível coreógrafo visitante ou um examinador.

INFLUÊNCIA, IMITAÇÃO, CÓPIA, MODA

Reconheci em outra parte deste livro que grandes artistas, dos quais nunca recebi uma aula, deram-me, sem sabê-lo, magníficas lições.

É a lição que emana da obra de arte, em forma de influência, que se expande no campo anímico e chega ao formal, passando antes ou depois pelo

153

intelectual. E digo antes ou depois porque algumas vezes assisti a representações de que não gostei, em que pese o respeito que me inspiraram. No entanto, tempos depois me surpreendi criando obras que indubitavelmente tinham influência dessa experiência passada.

Há mais ainda. Às vezes vi funções executadas por maus intérpretes de uma escola ou tendência e tive a enorme surpresa, tempos depois, de sentir que um gesto meu, uma expressão, alguma construção espacial, haviam sido de certo modo emanados dessa representação deficiente.

Algo muito diferente é quando o artista, deliberadamente, propõe-se imitar a maneira de criar de um grande mestre, para chegar por esse meio a descobrir seus princípios, suas razões. É percorrer o caminho da obra para chegar à origem. Isso é imitação, e é em função desse interesse, precisamente, que se produz o seguidor de uma escola ou estilo.

Mas, quando o que se copia é diretamente a forma ou a fórmula do êxito, estamos diante da obra de um plagiador, que só pode despertar, na pessoa dotada de senso de justiça e bom gosto, o desdém e a piedade.

Há também cópias de imitações e cópias de cópias. Estas são tão úteis à arte como os recipientes vazios de alimentos o são à nutrição. Desses parentes bastardos em terceiro ou quarto grau das obras verdadeiramente artísticas nascem as correntes da moda nas quais navegam por inércia os esnobes, sem atrever-se a pensar sobre elas, julgar a respeito de seu valor e menos ainda ousar opiniões desfavoráveis.

As modas constituem uma espécie de chiclete, entretenimento com o qual se pretende saciar um apetite que somente a arte satisfaz. Mas, como o consumo dessa mercadoria é muito superior em quantidade ao da arte medular e séria, alguns bons artistas caem na tentação de dar ao público o que este gosta de receber.

Por outro lado, os esnobes são quase os únicos espectadores capazes de assistir a um espetáculo de dança sem convite prévio e até de pagar pelas entradas, mesmo que seja para ver um artista argentino se este estiver em moda.

Portanto, seria ingrato menosprezar esse tipo de público, que, sem dúvida, vai ser o primeiro a querer cultivar-se, já que o estado atual apenas será superado quando o conhecimento substituir a moda, quando os meios de informação oferecerem à arte do dançarino um lugar pelo menos igual ao que é outorgado às outras artes e quando nas instituições oficiais houver funcionários de uma capacidade sensível e cultural que lhes permita falar sobre dança sem sorrir nem ruborizar-se.

4

PARA QUE DANÇAR

RECREAÇÃO E PROFISSÃO

No panorama das escolas de dança que funcionam na Argentina existem dois tipos de professores.

Um deles realiza um trabalho meramente comercial, ensinando mal o muito ou pouco que aprendeu. Em suas academias explora-se em primeiro lugar o espírito de competição das mães, por meio da oferta de um punhado de tentações dirigidas à vaidade: lamentáveis versões de *A morte do cisne*, danças sensuais apropriadas para teatros de revista ou cabarés, duos de amor e ciúmes que parecem representados por anões vestidos com igual transbordamento de brilho e escassez de bom gosto, e fotos das interpretações que são um exemplo eloquente do que não se deve fazer.

Nessa classe de escolas tudo é pago: a matrícula, o direito ao exame, a qualificação, os certificados, a coreografia do festival de fim de curso, os ensaios, os figurinos, as partituras, os uniformes e elementos necessários para a aula, o armário para deixar os materiais de uma lição para a próxima e tudo que possa ser de necessidade real ou para ostentação. Esse tipo de professor é quase sempre o único que obtém ganhos com seu trabalho.

O outro exemplo de escola é a do professor que se comporta como se todos os seus alunos estivessem destinados a ser profissionais e carrega nas exigências, tem a censura sempre pronta, exalta o sacrifício e parece crer que apenas com suor e lágrimas pode-se forjar o caminho da arte.

As crianças que frequentam estabelecimentos do primeiro tipo correm o risco de deformar seu físico e seu caráter. Caso desejem mais tarde dedicar-se à dança, terão graves dificuldades em corrigir seus defeitos, que se foram desenvolvendo junto com seu físico, hipertrofiando alguns músculos a expensas de outros, adquirindo maus e perigosos hábitos de posição e de movimento. Em troca, terão passado momentos felizes com a ilusão de ser dançarinos antes de começar os estudos. Os outros, os que caíram nas mãos dos exigentes, terão adquirido no transcurso de vários anos uma bagagem mais ou menos grande de conhecimentos muito bem incorporados; em troca, é fácil que não tenham tido nem muitos nem grandes momentos de felicidade.

Falta entre nós o professor que se situe em um ponto intermediário, que parta da base de que toda criança é apenas uma possibilidade a ser explorada no terreno vocacional e de que a dança deve ser um prazer e um enriquecimento, e é nosso dever oferecer essas possibilidades à maior quantidade de crianças, com a finalidade de que entesourem para sempre esse caudal, que cresça e amadureça com elas e forme parte das mais belas recordações da infância.

Quanto aos adultos, quase nenhum que se sinta atraído pela dança como atividade estética e satisfação pessoal tem aonde ir para satisfazer essa aspiração. As aulas severas destinadas aos profissionais os intimidam, confundem e desestimulam.

É lindo dançar, sentir a maravilha de mover-se afirmativamente, para apenas louvar a vida e viver mais intensamente, para sentir o corpo dignificado por uma agilidade superior, sem benefícios materiais imediatos.

Estimulemos então os adultos a dançar. Existem muitas pessoas que teriam a dança como carreira, caso não tivessem sido detidas pelos preconceitos próprios ou alheios, ou por falta de oportunidade. Ajudemos os demais, oferecendo-lhes algo disso que é o que mais amamos, a dança; mesmo que o façam com rigidez, maneirismos, transbordamentos expressivos e falta de sentido estético.

O que vale é a necessidade legítima de entregar-se a uma atividade que enobrece. Com nossa ajuda irão encontrar o caminho para o estético, mais lentamente e com maiores dificuldades que as crianças, mas com resultados não menos importantes. E se nunca passarem da mera caricatura, coisa bastante improvável, bastará a satisfação de tê-los ajudado a encontrar um refúgio, um momento feliz de expansão que os ajude a aliviar momentos mais monótonos ou amargos.

Até hoje, a função da dança na educação foi totalmente negada ou ignorada; as escolas oficiais onde se ensina dança estão dedicadas à formação de dançarinos e professores de dança.

Já vai longe a época em que a maioria das mães levava suas filhas a estudar dança, e para aquelas que ainda continuam fazendo isso com uma finalidade não equivocada, mas parcial: a obtenção de um desenvolvimento mais estético de seus físicos, maior harmonia de movimentos e o desejo de que entesourem certo caudal de informação elegante.

É enfim necessário encarar o ensino da dança artística como atividade educativa, recreativa e criativa, o que não pode ser melhor para a criança e o adolescente e é benéfica para o jovem e o adulto.

Assim o compreenderam as grandes culturas do passado e assim voltaram a reconhecê-lo os países mais avançados do presente: a Inglaterra possui institutos onde se educam professores do sistema escolar em dança e na arte tea-

■ A EDUCAÇÃO PELA DANÇA ■

tral; outros que são frequentados por professores de educação física para ampliar o campo de seus ensinamentos, cursos de dança em todas as escolas de arte teatral, cursos universitários especializados e conjuntos artísticos em todos os níveis. Igual panorama oferecem os Estados Unidos e o Japão.

Em nossas escolas, nas quais a música, a poesia e as artes plásticas têm lugar, inexplicavelmente a dança está ausente, precisamente a disciplina do movimento, que é o próprio símbolo da infância e da juventude. Até quando se persistirá nesse erro?

VOCAÇÃO

Até aqui expusemos o ponto de vista referente à falta de atenção que existe para com o pretendente a dançarino aficionado e a criança que busca a dança para adquirir uma técnica criativa e educativa.

Outra é a situação do que estuda por vocação. Este estudante toma, regra geral, várias aulas de dança por dia, de modo tal que é inevitável certo desgaste da atenção, em especial nos momentos de maior fadiga.

Nesses casos, o professor deve suprir a falta de energia do aluno incrementando seu interesse. Para consegui-lo, é preciso equilibrar a exigência com o estímulo, buscar exercícios especiais que sirvam como impulsores para novas aquisições técnicas que entusiasmem o aluno. Por meio de artifícios, tratar de evitar a rotina – que é um fator que leva à distração – e nunca mostrar-se cansado, desanimado ou mal-humorado, porque esses estados de ânimo são imediatamente transmitidos para o curso.

Nunca devemos nos esquecer de que nossa arte tem a particularidade de começar em idade muito precoce. Isso faz que as vocações mais avantajadas mudem e se apaguem no decorrer dos anos, ao passo que outras menos evidentes a princípio vão ganhando força e desenvolvimento com o contato mais intenso e o aprofundamento dos estudos.

Mais do que qualquer outro, o professor de estabelecimentos vocacionais deve mover-se dentro dessas possibilidades, tendo-as sempre em conta.

Dessa maneira, o aluno, cuja vocação vá se extinguindo ao cabo de alguns anos, não terá perdido seu tempo; antes, terá modelado seu corpo, embelezado seus movimentos, afinado sua sensibilidade, educado seus sentidos e seu gosto, desenvolvido o espírito de companheirismo e colaboração e enobrecido seu sentido crítico.

Ao mesmo tempo, quem tiver conservado ou incrementado a vocação primeira estará de posse dos meios que o capacitam para ser um bom profissional; quer aplique seus conhecimentos à interpretação, à criação, quer à docência.

■ PAULINA OSSONA ■

O que é um profissional da dança? Abordaremos em primeiro lugar o que se entende por intérprete profissional.

Em geral, trata-se de um dançarino que, mais afortunado que seus colegas, encontrou lugar em uma companhia onde tudo é regular, ou deveria sê-lo: os horários, os ensaios, as temporadas, a remuneração.

É um ser que dança para viver e, desse modo, cumpre o ideal de toda pessoa: o ganhar a vida e ser útil para a sociedade, desempenhando a tarefa para a qual se capacitou. Nesse caso, dada a precoce idade em que começam os estudos, quase durante toda sua vida.

Mas acontece que quase todas as coisas que oferecem certa comodidade transformam-se com o tempo um pouco em nossos senhores, em lugar de estar, como acreditaríamos, totalmente a nosso serviço.

Assim, para um dançarino que ingressa em um corpo estável, tudo tem no início o encanto do novo: os companheiros, os mestres, a casa, o repertório. Mas, depois de algum tempo, a convivência diária em um mesmo clima começa a ocasionar atritos e choques; já não se está de visita, mas como em uma família nem sempre muito concorde.

Naturalmente, os mestres têm seus defeitos como todo ser humano ou não humano, mas, quando temos de conviver com eles no cotidiano, aumentamo-los e terminam por se fazer insuportáveis.

Entre os companheiros há ciúmes, inveja, indisciplina, algumas maledicências, comentários ofensivos, desplantes, soberba, críticas justas e injustas, falta de ordem ou de higiene. Há de tudo, bom e mau, mas este último costuma influir mais no ânimo.

A casa já não parece tão cômoda como nos primeiros tempos, não está tão limpa como quiséramos, nem tão fresca ou tão aquecida. Há falta de luz, camarins ou banheiros. O que não poderia descobrir em matéria de deficiências um ser saturado pela exata repetição dos dias!

Quanto ao repertório, à força de repeti-lo, torna-se tão mecânico como o gesto de escovar os dentes.

Se o artista sente atração pelas novidades, diferentes criações ou pelo estímulo contemporâneo, em pouco tempo se sentirá frustrado, já que na maioria das companhias o repertório, pouco amplo em extensão, o é também em variedade, e enfraquecerá repetindo um repertório escasso e envelhecido.

No entanto, sua situação é muito superior à daquele que nasceu, sonhou, lutou e se capacitou para ser uma figura da dança artística e vê-se obrigado a ganhar a vida em um teatro de revistas ou em um *show* de televisão.

Que força titânica, que vocação férrea são necessárias para superar as provas do fastio ou do trabalho humilhante e seguir lutando pelo aperfeiçoamen-

■ A EDUCAÇÃO PELA DANÇA ■

to, a esperança posta em uma meta que não se vislumbra, vendo claudicar dia a dia os que foram companheiros de esperança!

No entanto, essa é a única possibilidade do artista: seguir lutando febril e apaixonadamente, sem descanso, pois o que não avança retrocede, e antes de desaparecer na mediocridade, na frustração, na amargura ou no cinismo é preferível dedicar-se a qualquer outra atividade que, sem dúvida, lhe dará, com muito menos esforços, mais satisfações econômicas e mais consideração do que a recebida em nosso meio pelo artista da dança.

Mas há muitos que superam a rotina, que se aperfeiçoam, que se destacam, que triunfam superando tanto as tentações brilhantes e grosseiras dos *shows*, como do confortável anonimato que oferece o "corpo estável"!

O segredo dessa vontade prodigiosa está na raiz da personalidade, e essa raiz se nutre de um fogo ao mesmo tempo devorador e refrescante: a vocação.

Como se manifesta a vocação? Que pautas podem orientar o professor para detectar a vocação deste ou daquele aluno?

Não é fácil; só uma grande intuição pode orientar nesse sentido, já que a pessoa com vocação sólida não a apregoa necessariamente em alto e bom som aos quatro ventos.

A vocação costuma arder mais com uma brasa permanente e não como o crepitar luminoso de uma labareda.

O ser realmente tocado pela graça da vocação costuma ser introvertido, cheio de pudores acerca de seu mundo interior que só aflora na prática de sua arte.

É como uma árvore cujas raízes não se mostram, não buscam a luz, mas crescem mais e mais para o fundo, com uma convicção consciente ou instintiva de que só com a sabedoria que dá o tempo serão suas folhas, suas flores, seus frutos, os destinados a oferecer amparo, beleza, alimento.

Para o ser dotado de vocação, o descanso é uma necessidade inevitável, mas não desejada; a mais maravilhosa aventura é a que se desenvolve no palco, e a festa mais completa é a que proporciona a montagem de uma nova obra.

Isso se nota na atitude, na conduta, na vida.

Nossa geração e também a que a antecedeu, a dos mestres que forjaram o presente da dança argentina contemporânea, nunca tiveram lucro com sua arte, tampouco grandes satisfações de outra ordem.

No entanto, ao referir-se à sua vida na arte, todos o fazem com alegria e orgulho, revelando a convicção de que, se tivessem de recomeçar a vida, reconstruiriam o caminho feito, seguindo outra vez os ditames desse impulso interior, angelical ou diabólico, mas irrefreável, que é a vocação.

Nada mais perigoso, portanto, do que dizer a um aluno: "Dedique-se a outra coisa, você não é dotado para a dança". Muitos professores acreditam que desse modo estão sendo honestos, economizando ao interessado ou a seus pais um gasto inútil e uma posterior decepção.

Mais leal é confessar: "Creio que lhe custará mais que a outros penetrar a arte da dança, porque está pouco dotado; mas, se a ama, aconselho que persevere. Eu não dou o tipo de aula que lhe convém, procure outro professor".

CUSTO DOS ESPETÁCULOS

O espetáculo de dança é uma das realizações artísticas mais caras.

Essa afirmação continua sendo válida, apesar da enorme simplificação que se produziu nos últimos anos, em especial a partir de 1963, quando *o Balé do Século XX*, sob a direção de Maurice Bejart, apresentou-se no Teatro Colón de Buenos Aires.

Começaremos essa árida, mas inevitável, explicação examinando os custos de um balé no sentido mais amplo do termo, já que para ser uma mensagem estética acessível às maiorias, sejam estas populares ou da classe rica, a obra coreográfica deve ser um espetáculo. E o espetáculo se dirige e é captado por todos os sentidos.

A orquestra com suas múltiplas possibilidades, desde as grandes ondas musicais que submergem o auditório num clímax sonoro até o som cristalino da harpa, a nota estremecedora de um violoncelo, a acariciante melodia do violino, a evocadora nota da flauta ou o estalo do tambor, oferece o nível ideal para a emoção dos dançarinos e dos espectadores.

É desnecessário fazer comentários sobre o custo de um acompanhamento orquestral, mas um detalhe que pode dar ideia de sua inacessibilidade é o fato de que há muitos anos na Argentina somente os conjuntos mantidos pelo Estado ou por países estrangeiros que os apresentam no Teatro Colón podem permitir-se (nem sempre) um acompanhamento de orquestra.

Anos atrás, por volta de 1940, quando da apresentação do *Balé Joos*, começaram-se a ver espetáculos de balé acompanhados por dois pianos, como os da companhia de Joaquim Pérez Fernández, e, às vezes, com o acompanhamento de percussão, como no caso do balé criado e dirigido por Miriam Winslow.

Mais tarde, nós, que começamos a atuar como solistas recitalistas, utilizamos apenas um piano.

Os pianos são já tão poucos, tanto em Buenos Aires como no interior, que se transformaram em algo raro, e o aluguel de dois, com seus gastos de translado e afinação, pressuporia uma excentricidade incompreensível. Portanto, renunciamos ao acompanhamento de dois pianos.

■ A EDUCAÇÃO PELA DANÇA ■

Por outro lado, as salas são muito menores, de modo que não só não dispõem mais do fosso de orquestra para colocá-los, como conseguir colocar um músico é um problema que obriga a escolher entre a falta de espaço para a dança ou para o público.

Além dessa dificuldade, nessa época os coreógrafos deviam restringir seu repertório adaptando-o ao repertório estritamente pianístico e, dentro deste, limitar-se ao que o pianista tivesse vontade de aprender e capacidade de executar. Minhas últimas representações acompanhadas por piano foram uma prova tão dura para o ouvido, a paciência e o pressuposto da música "ao vivo" que definitivamente renunciei a ela.

Hoje a gravação em fita magnética simplificou muito a relação dançarino-música e música-público. Agora é mais fácil para o público, já que o repertório exclusivamente pianístico o obrigava a ter muita cultura musical para não se aborrecer com a audição exclusiva de obras para piano ou adaptadas a esse instrumento e, ao mesmo tempo, a ter uma elasticidade necessária para não sentir a visão da dança como uma distração em luta com a percepção auditiva, ou para tolerar as interpretações de um pianista jovem, ou não de primeira linha, nem sempre de elevada qualidade, durante toda uma função.

Voltando aos nossos dias e ao tema dos custos, é necessário reconhecer que tampouco é muito econômico acompanhar-se com música gravada.

Primeiramente, tem de se conseguir a gravação em disco (as obras menos comuns só se encontram em discos estrangeiros), sendo conveniente adquirir dois exemplares, mesmo que do total de seis obras reunidas num *long-play* só se utilize uma.

Necessita-se também de duas fitas magnéticas, uma para os ensaios e outra exclusivamente para as funções. Esta última terá de se mandar gravar em um estúdio profissional, já que na amplificação necessária para uma sala os defeitos são mais ressaltados do que qualquer virtude musical.

Certamente, os estúdios de gravação não fazem descontos especiais para atividades culturais não lucrativas, em primeiro lugar porque não lhes compete e, em segundo, porque não podem.

Já com uma boa fita bem gravada, vamos à sala de espetáculos e vemos que a maioria delas possui equipamentos muito corretos para a emissão de música incidental, que é tudo de que necessita geralmente uma obra teatral, mas não refinados o suficiente para um espetáculo tão eminentemente musical como o da dança.

Teríamos, pois, para não ferir ouvidos demasiado sensíveis, de alugar equipamentos melhores e, no caso de encontrá-los, conseguir a permissão para sua instalação.

Como se compreenderá, isso também é oneroso para o artista-empresário que percebe salários fixos para a prática de sua profissão.

No que concerne aos direitos de autor, uma nova regulamentação aboliu as porcentagens, fixando em troca somas para cada peça executada, que excedem amplamente os hipotéticos honorários que poderia cobrar o artista pelo total de um espetáculo, que no caso de um solista inclui de dez a 14 obras. Apenas estão isentas dessa tarifa as obras de compositores falecidos há 50 anos, no mínimo.

Como articular um repertório contemporâneo com música de época tão distinta?

Restou apenas uma saída para os coreógrafos: a supressão da música e sua substituição por colagens, por ruídos, por efeitos sonoros diversos.

Assim, o espetáculo de dança disse adeus para sempre à música e, mais adiante terá de enfrentar coisas piores.

Outro dos atrativos do espetáculo de dança ou de qualquer outro tipo é a cenografia.

Certamente a cenografia corpórea, apta para peças teatrais, nas quais os espaços são mais simbólicos que reais, não é a mais apropriada para a dança. Felizmente é a mais cara.

Em troca, a cenografia para a dança precisa de uma grande agilidade, elementos sintéticos que apareçam e desapareçam rápida e elegantemente. Mas esses elementos necessitam de um pessoal muito hábil e acostumado para movê-los, além de ensaios, estes nem sempre fáceis de conseguir.

Por essa razão os espetáculos independentes renunciaram à cenografia ambiental, ou seja, ao cenário.

Restava, no entanto, a possibilidade de embelezar os grupos e evoluções com figuras em diferentes níveis, obtendo-se esse efeito com plataformas praticáveis de variadas alturas.

Claro que essas plataformas não são sempre como o coreógrafo as pede, e se o que a obra necessita é de uma plataforma de 60 centímetros, paciência, terá de usar uma de 70 se a encontrar, porque na de 80 os braços e até a cabeça desaparecerão da vista do público.

Atualmente, esses elementos encareceram tanto até o ponto de se tornar impossível o seu uso, de modo que essas fantasias estão igualmente proibidas.

Claro, dir-se-á que um bom coreógrafo pode conseguir distintos níveis mediante o uso exclusivo de seus elementos humanos. É possível, mesmo não sendo igual, mas sempre que conte com um número apropriado de dançarinos do sexo masculino, coisa bastante improvável quando se considera que a maioria esmagadora das atuações é por amor e mais amor à arte.

■ A EDUCAÇÃO PELA DANÇA ■

Eliminados os praticáveis, restam então as cortinas de fundo, ou o panorama. Este último cada vez mais difícil de encontrar, em virtude de seu preço ser também muito elevado; ao passo que os ainda restantes estão de tal modo estropiados que não resistem à exibição absolutamente descoberta que um espetáculo de dança impõe.

Restam os efeitos de iluminação. Com relação a estes, é necessário esclarecer que, quando se apresenta um espetáculo de dança em um teatro comercial ou em outros, ele é feito no dia de descanso da companhia estável, quer dizer, da companhia que aluga a sala, não por um dia, mas por uma temporada. Nessas circunstâncias, as luzes já terão sido focadas e coloridas para a obra que se apresenta durante a semana. Nesses casos, o cenógrafo quase sempre se encarrega da iluminação, e por essa razão ela costuma concentrar-se na cenografia, que nos dias de descanso é retirada. A iluminação cai então sobre as cortinas ou panoramas surrados, já o espaço cênico onde trabalham os dançarinos permanece desaparecido em uma iluminação escassa, chapada e neutra, cuja direção quase sempre frontal amassa o intérprete, tornando sua figura espessa e sem relevo.

Resta a possibilidade de trazer seus próprios elementos de iluminação, sempre que o eletricista-chefe consinta (mediante os métodos de convencimento habituais) e empreste algumas tomadas.

É por isso que muitos espetáculos de balé foram realizados ultimamente com luz branca. Às vezes, os decepcionados coreógrafos, tendo de escolher entre uma ou outra obscuridade, preferiram diretamente a luz de ensaio.

Uma das aquisições mais recentes em matéria de efeito de iluminação foi a projeção de diapositivos. Claro que para preencher uma função cenográfica esta deverá projetar-se desde o fundo vazio do palco; do contrário, cairá sobre os próprios intérpretes, fazendo-os desaparecer em espaços fortemente coloridos e contrastantes, que produzem um claro-escuro muito violento.

No entanto, este último efeito é muito vistoso e tem sido bastante utilizado, até chegar a cansar, porque acaba tornando-se vulgar, como se seu lugar estivesse mais sobre um cenário de revistas ou em um *show*.

Um efeito muito mais audacioso, utilizado a partir da apresentação de Merce Cunningham em 1970, é o do palco nu, com tudo à mostra: os ladrilhos ou reboques descascados, lâmpadas de emergência para incêndios, bastidores de cenografia apoiados ao inverso contra as paredes, cartazes com proibição de fumar etc.

É mais uma solução, nem feia nem bonita, que perde seu efeito a partir da primeira vez.

Certamente isso já havia sido utilizado em obras teatrais, em especial nas de tipo "comédia musical", mas ali estava em função do argumento. Em contraposição, seu uso em um espetáculo de dança, entendemos como a entrada tardia em um estilo, entre informalista e *pop*, que todas as demais artes já abandonaram.

É que a dança, talvez por ser a mais antiga das artes, caminha um pouco na retaguarda (ela, tão ágil!) como os anciãos.

Tendo renunciado à música, à cenografia e à iluminação, vejamos o que resta ao ascético espetáculo de dança para oferecer a seu animado público.

Falta ainda o vestuário. Por razões estéticas de simplificação de elementos e também, claro está, por questões econômicas, foi-se reduzindo, já que os tecidos para dança devem dar majestade à figura, desnudando seus movimentos, além de ser leves e com bom caimento, características próprias de materiais custosos.

O vestuário foi dando lugar paulatinamente a malhas de cores pintadas estrategicamente, tanto para oferecer um clima adequado a cada tema como para melhorar as figuras, levando-as para os cânones de beleza ideal.

Mas esse recurso limitava o uso de uma malha a uma única apresentação de uma obra coreográfica, de modo que quase a totalidade dos intérpretes adotou o uso de malhas brancas.

É assim que um cenário de dança exibe hoje altos e baixos, gordos e magros, zambos e curvos, atuando com idêntico uniforme, com luz ineficaz, sobre um fundo de parede descascada ou ladrilhos à vista e acompanhados por uma série de ruídos mais ou menos organizados.

Por sorte, hoje se consegue um lugar ou outro de forma mais ou menos gratuita, com a atuação também gratuita dos artistas e ingresso de graça. Do contrário, quem pagaria para ver um "espetáculo" tão austeramente despojado de todo o espetacular?

Mas ainda que os espetáculos se ofereçam com entrada gratuita, as funções não estão ao alcance da maioria, mas só dos iniciados, que as vão buscar em cenários cêntricos, às vezes em zonas de difícil acesso. Em geral, essas funções são oferecidas com rótulos que são toda uma promessa de aborrecimento, como "Ação Cultural", "Ciclo de Grandes Valores" ou títulos sofisticados para público psicanalisado.

Os primeiros, ainda que correspondam à verdade, são um tanto pretensiosos. Ninguém gosta de ser conceituado como inculto e que lhe ofereçam para elevar sua ilustração uma arte nua até o esqueleto, que só os artistas especializados podem entender e apreciar.

■ A EDUCAÇÃO PELA DANÇA ■

A prova disso é que, apesar de se fixar uma módica soma a título de ingresso, as salas ficam vazias, a menos que se tenha recorrido a uma grande campanha publicitária. Em troca, o público paga com gosto para ver espetáculos de balé a cargo de corpos oficiais, que contam com todos os elementos de apresentação para torná-los agradáveis, ou seja, música orquestral, cenografia, técnicas de iluminação e vestuário.

Também enche as salas de cinema nas quais se oferecem espetáculos de balé durante meses, a um ritmo de várias sessões diárias.

Em uma tentativa desesperada para pôr-se em dia e imitar para concorrer com os espetáculos comerciais de êxito relativamente fácil, alguns artistas adotaram a moda dos gestos obscenos e/ou grosseiros. Mas esse não é o caminho: para que reeditar com pretensão erudita os elementos comerciais que os espetáculos frívolos manejam com maior idoneidade e variedade?

Nossa época está plena de exemplos de heroísmo, de mudança positiva, de grandes façanhas. Isso é o que preencherá as páginas da história no futuro, e a arte ficará para documentá-lo.

Anos atrás, podiam-se levar espetáculos experimentais sérios, sem concessões de nenhuma índole, a bairros da capital ou cidades distantes no interior. Um público sensível, virgem e ávido assistia com fruição e respeito às representações.

Hoje isso se tornou mais difícil. A televisão, com seu desenvolvimento de miudezas comerciais bem involucradas, impôs um estilo grosseiro, que, embora não seja o que o público prefira, é o modelo a partir do qual se predispõe a julgar um espetáculo. É um processo similar ao dos hambúrgueres, que com o cachorro-quente e os refrigerantes substituíram no gosto das crianças os refinados manjares das tradicionais receitas maternas. Já que o público, virgem e sem preparação preconceituosa ou de oposição, possui a capacidade de assombro da criança, mas também – e é o perigo – sua grande condutibilidade.

Para quem dançar então? O artista verdadeiramente marcado pela vocação fa-lo-á nas piores condições, com público compreensivo ou preconceituoso, antessalas quase vazias e inóspitas, obedecendo a um destino irrenunciável.

Mas que função cumpre um núcleo já bem grande e cada vez crescente de dançarinos que não têm oportunidade de dançar?

Existiam em nossa pátria dois corpos estáveis dependentes da Prefeitura de Buenos Aires, um dos quais depende, em sua função, da temporada lírica. É o do Teatro Colón, que demonstrou em várias oportunidades e ao longo de sua trajetória estar tão capacitado quanto os melhores organismos mundiais dedicados ao balé.

PAULINA OSSONA

O segundo deles era o *Balé Contemporâneo da Cidade de Buenos Aires* e estava dedicado a espetáculos inteiramente dancísticos, com criações mais modernas em sua técnica e concepção. Não sendo estável, seu destino foi fugaz. Em troca, faz já muitos anos, em 1933, *o Balé da ópera de Paris* instituiu espetáculos semanais. Em 1972, o balé da *Ópera* e o da *Ópera Cômica* fundiram-se em um só conjunto de dois corpos: a companhia *Garnier* e a *Favart*, as quais têm por missão realizar de 12 a 15 espetáculos por mês.

Por sua vez, a *Royal Opera House de Londres* conta com um corpo dividido em três blocos, um dedicado aos espetáculos coreográficos, outro aos balés de ópera e um terceiro, que realiza excursões pelo interior ou países da Commonwealth. O mesmo acontece com o *Western Theatre Ballet* com relação ao *Sadler's Wells Opera Ballet*, enquanto a companhia *Marie Rambert* mantém, além de seu corpo estável, outro grupo experimental; ambos trabalham nas cercanias de Londres, no próprio centro ou no interior. Devemos levar em conta que se trata de um país com tradição de balé muito curta, talvez não superior à nossa.

No Estado de Buenos Aires existem dois corpos de dança que funcionam: um na cidade de La Plata, e outro na de Bahía Blanca.

No restante dos estados, só alguns conjuntos mantêm uma atividade estável.

A nação, que conta com elencos teatrais, orquestras e coros, não tem nenhum corpo de baile, tampouco o tem o único canal estatal de televisão.

Em consequência, o dançarino, com capacidade docente ou sem ela, deve dedicar-se ao ensino sempre que o consiga, porque também existe uma única escola de dança dependente do Estado, que é a que reabsorve numa medida mínima os elementos ali graduados, após uma carreira de dez anos. Do contrário, se dedicará ao ensino privado que, sem satisfazê-lo plenamente na face artística, o manterá o menos alijado de sua vocação e lhe permitirá ganhar a vida com aquilo para o qual se capacitou.

E à frente de sua classe começará a formar, por seu turno, novos elementos para o futuro não menos incerto que o presente.

E tudo começa novamente: esforço, ilusão, dissabores, luta, desengano.

Alguém dirá: "Não é importante para o futuro da pátria que os dançarinos dancem ou não; que o público possa ou não ter acesso à dança culta". Não será a primeira vez; já foram muitas as vezes que altos funcionários disseram coisas parecidas. Houve até quem, divertindo-se, fez a piada: "Quando tivermos restaurado este palácio (a Secretaria da Cultura), *o adornaremos* com a dança".

Vítima do mesmo erro das senhoras que levam suas filhas para a academia da moda, este – como outros funcionários – pouco pode fazer para vencer seu pudor e pôr fim a essa ignorância geral.

A EDUCAÇÃO PELA DANÇA

Não podemos considerá-los totalmente culpados, mas sim cúmplices de uma situação que em nada pode favorecer o prestígio cultural da Argentina.

Caberia perguntar a esses obcecados evasores de nossa arte: é casual que a dança seja a primeira atividade do homem de todos os povos da Terra e desde épocas e culturas remotas? A que nos conduz negá-la? Os demais povos do mundo deixarão por isso de cultivar a dança, só para nos imitar?

Mas, como no momento são perguntas que não encontram respostas, só nos resta reconhecer, pesarosos, que dançamos para uma pequena elite constituída em parte por conhecedores e em parte por esnobes.

Conhecedor é alguém que estudou na prática e na teoria a dança, que viu um panorama de dança, que gostou dos diversos estilos e escolas, que tem a capacidade de cotejar os valores técnicos e expressivos, baseando-se em seu juízo diante do trabalho exibido e não no embuste publicitário ou na opinião de outra pessoa que pode ser parcial ou mal-intencionada.

O esnobe, em troca, é uma pessoa informada; especialmente informada do atual, do que está na moda, do que se faz publicidade, sobretudo se é algo escabroso, que possa *épater le bourgeois*.

O esnobe não tem remédio, será sempre vítima e cúmplice ao mesmo tempo de seu vitimizador. É a posição que escolheu consciente e deliberadamente por temor de ficar fora de seu grupo, de parecer um excêntrico ou, pior ainda, um *démodé*.

Uma mescla de conhecedor e esnobe é o que configura o baletômano, que em geral também se fecha em grupos. Prefere seguir ruminando seu próprio conhecimento, vendo incansavelmente os mesmos *pas de deux* ou *pas de trois* ou *pas de quatre*, só para aplaudir freneticamente sua diva predileta, não tanto por dar-lhe prazer, mas para molestar o fanático admirador da diva rival.

Em geral não vai a espetáculos de dança moderna, já que estes lhe proporcionam uma problemática mais profunda que o deleite estético e um esforço intelectual que não está disposto a fazer.

Por sua vez, o conhecedor forma um grupo menos numeroso, discreto em sua expressão, correto em sua conduta.

Junto com o público virgem, não preconceituoso, o conhecedor é o espectador ideal, a quem se dirige todo o esforço dos criadores e dos intérpretes.

Lamentavelmente, como já expusemos antes, nenhum dos dois públicos é abundante.

O público virgem não tem muitas oportunidades de ver. Quando é levado pela primeira vez a um espetáculo e este é pretensioso e extravagante, ele será perdido para sempre, pois sua sensibilidade capta de imediato o legítimo e o falso. E, se uma vez o quiseram enganar, nunca mais se aproximará da mesma trapaça.

Por ocasião de uma excursão que realizamos em 1947, com o *Ballet Winslow*, levava-se às províncias, com todo respeito, repertório idêntico ao que se oferecia na capital. Algumas obras, certamente as melhores, eram acompanhadas por instrumentos de percussão. A peça que fechava o programa, além de ter essa característica, representava um ritual primitivo, e nela estava inserido um solo de Miriam Winslow, que tenho na conta das melhores danças que vi em minha vida.

Nas cidades importantes e com tradição universitária, como La Plata e Córdoba, cada golpe de percussão era acolhido com grandes gargalhadas e o quadro final, com gritos imitando os dos índios de filmes americanos.

Quando atuamos na cidade de Jujuy, assombrou-nos ver que as localidades altas estavam ocupadas por homens e mulheres *coyas*[4]; especialmente estas últimas destacavam-se por seus característicos adornos, seus chapéus melão e as crianças às costas. Esse foi o público mais compreensivo que tivemos em nossa excursão.

Lembro-me de uma das histórias de Clotilde Sakharoff: tendo ela e Alexandre dançado diante de um público de uma tribo africana, quando lhes pediram sua opinião disseram: "Foi como um domingo". A qualquer artista que se lhe conte essa história se lhe encherão os olhos de lágrimas, pois sonha com uma experiência igual.

Em troca, o público conhecedor é de escassa atividade, pertence a um núcleo que teve a oportunidade de ver, comparar, ouvir e estudar. São poucos e, além de poucos, desconfiados, pois puderam ver de tudo e não concordam em assistir a espetáculos que, comparados com os elencos de primeira linha ou as grandes realizações de épocas com melhores possibilidades, os decepcionam.

O público um pouco informado é o que mais abunda e é perigoso por suas ideias preconcebidas.

Muitas vezes, quando as pessoas sabiam de minha atividade, perguntavam-me: "Certamente você faz dança clássica, não?", com a convicção de que é a única coisa valiosa.

"Não, eu me dedico à dança moderna."

...!

---

4. *Coya*: imperatriz ou princesa entre os antigos peruanos. [N. T.]

■ A EDUCAÇÃO PELA DANÇA ■

Se nosso interlocutor nunca viu dança moderna, terá imediatamente a imagem da dança comercial do *show* que, bem ou mal, seus filhos imitam na boate.

Se ao contrário viram algo, perguntarão de imediato: "Como N. N.?", e dão o nome de algum colega.

Como explicar-lhe que esse colega faz exatamente o que nós não faríamos jamais, pois, com todo respeito por sua posição estética, temos a posição oposta, mesmo que também seja moderna?

E, mesmo compartilhando a posição estética, as personalidades são tão distintas que muito dificilmente um artista aceitará parecer-se com outro.

As ideias preconcebidas são a mutilação da arte; pretender que toda dança se realize na ponta dos pés é tão absurdo quanto exigir que seja feita descalça, com o rosto pintado de branco, em *tutú* ou de malha.

Cada obra propõe uma perspectiva distinta, uma nova exigência; cada artista tem sua exigência, cada escola seus princípios, cada estilo sua tônica.

O êxito de uma obra, produto da sensibilidade de um criador, formado por sua vez em uma escola, em um estilo, em uma sociedade e em uma época, pode levar à imitação e mesmo à cópia, lançando, em consequência, uma moda.

Essa moda pode resultar muito cômoda para o espectador ao qual não se propõe nada distinto do que foi preparado para ver; mas com o tempo acabará por achar insípido, já que a primitiva frescura desapareceu, junto com a força da emoção criadora insubstituível, e só restam clichês de clichês desvanecendo-se em deformações risíveis ou melancólicas.

É imprescindível ampliar o núcleo dos conhecedores, ir ao encontro do público virgem e, por meio de uma ação eficaz, transformá-lo em conhecedor.

É necessário que a cultura, a arte e a dança estejam ao alcance de todos. Mas é necessário também que esse produto cultural que assim se oferece à possibilidade da maioria seja por esta apetecido, apreciado e frequentado.

É indubitável que existem muitos meios de criar essa apetência, e com segurança os grandes aparelhos publicitários que se põem a serviço do mercado conhecem isso mais do que a cultura artística.

Uma das formas de fazer nascer a apetência pela dança é criar o hábito de sua frequentação; outra é a de despertar curiosidade e interesse por sua função, sua história, seus benefícios, seus estilos, suas técnicas, seus cultores.

É preciso também que o destinatário de todo esse esforço sinta um legítimo orgulho de seu conhecimento e de sua frequentação da dança.

Este último é um fenômeno bem conhecido e explorado pelos dirigentes esportivos, ou políticos, ou simplesmente pelos que lançam qualquer produto à venda. Nesses casos não há segredos para a consecução do objetivo; utiliza-se publicidade e mais publicidade.

Em troca, o objeto estético possui um meio mais lento para sua apreciação, mas de eficácia permanente: esse meio é a educação.

A educação da arte flui em duas correntes que não devem ser forçosamente paralelas, posto que se fundem e confluem, sendo tão interdependentes que em nenhum momento podem separar-se por completo.

Estas duas correntes são: *Educação pela arte* e *Educação para a arte*.

A educação pela arte conduz a desenvolver o amor pela beleza em todas as suas formas e a familiarização com o objeto belo, de maneira que o respeito pela obra e por seu autor seja produto do amor e da compreensão, não do temor com relação ao inacessível.

Nesse clima, a *educação para a arte*, quer dizer, a formação do artista (e do docente), será muito mais fácil e de melhores resultados, pois modela artistas e seres mais completos, já que abarcará a formação estética, o ofício, a solução profissional, a docente, a criativa e a crítica.

Essa amplitude permitirá que o trabalhador da arte não enfrente ou contraponha sua atividade a todo o profundo ou medular, mas, pelo contrário, nele se baseie.

A educação pela arte deve ter uma aparência totalmente afastada do teórico, mas basear-se nele para evitar a divagação; tudo deve ser planificado e nada deixado ao acaso.

A dança deve acompanhar o indivíduo como técnica educativa e criativa desde os primeiros anos escolares, ao longo de todo o ensino e mais adiante também – por que não? – na idade adulta.

É necessário convencer as autoridades da educação a incorporar nos estabelecimentos escolares o ensino da tão resistida dança. É imprescindível, além disso, que essa função esteja nas mãos de professores altamente capacitados, eficientes e compreensivos em sua função.

A principal atividade que deve cumprir esse professor é a de fazer amar a dança e extrair de sua prática todo o benefício que ela possa oferecer ao estudante.

No que se refere à ordem física, deve evitar qualquer tipo de deformação profissional – erradicar o espírito de competição, sem apagar o de emulação ou superação.

Deve desenvolver a apreciação das distintas eficiências, a admiração, a estimulação mútua e o espírito de equipe.

Deve divertir e interessar. A parte prática deve ser acompanhada da teórica, mas esta deve ser dada de forma amena, a história oferecida por meio de

■ A EDUCAÇÃO PELA DANÇA ■

histórias que acentuam a importância da história geral, da história da arte e da mitologia.

Nas escolas oficiais e/ou privadas não são somente as aulas práticas que cumprem a função de educar; igualmente formativas, ainda que de maior recreação, são as apresentações de palestras ilustrativas, ou melhor, dança explicada para crianças, a cargo de bons profissionais da dança e da docência.

Essa experiência foi feita no Chile, pelo balé dependente do Ministério da Educação, que demonstrou às crianças o desenvolvimento da dança desde as primeiras posições na barra, passando pelo exame de uma sapatilha de ponta, até as obras prontas de uma representação.

Nas mesmas escolas poder-se-ia estimular a formação de grupos de aficionados que intercambiariam exibições, concursos de desenhos sobre essa atividade, visitas aos museus para reconhecer quadros e esculturas dedicados à dança, concertos ilustrativos da época em estudo.

Os grupos residentes de distintas nacionalidades fariam com prazer demonstrações de suas danças folclóricas, e as embaixadas ofereceriam filmes nos quais se exibiria a dança artística espetacular de cada país.

Também os grupos e solistas de nossa pátria, que poderiam ser selecionados por especialistas e divididos em três grupos (profissionais, artistas em formação e aficionados), prestar-se-iam a essa função com entusiasmo e amor. A essas representações poderiam ter acesso, às vezes, os pais. Com essa finalidade, os espetáculos poderiam ser montados em outros locais, escolas com salões mais espaçosos, clubes ou centros municipais.

Quando os pais vissem que seus filhos, longe de perder o tempo, ampliam sua educação, não poriam inconvenientes para colaborar. Exemplo disso é a Escola da Dança Mexicana, na qual funciona uma oficina-escola para pais, onde estes aprendem a confeccionar vestuário, utensílios e todos os elementos coadjuvantes para a apresentação de um espetáculo.

Mas não se deve crer que somente para a criança abre-se a possibilidade de canalizar a necessidade de crescimento e ação em uma disciplina benéfica e ativa. Tive uma magnífica experiência na Venezuela, onde funcionava uma escola de arte independente do Ministério do Trabalho. Dessa escola havia surgido um esplêndido grupo de dança, o conjunto *Danças Venezuela*, para o qual dei um curso e montei uma obra coreográfica.

Esse conjunto, provido de transporte próprio, cenário desmontável, equipamentos de iluminação e de som, percorria o país com um repertório de arte que, além de erudito e moderno, oferecia uma mensagem de raiz nacional.

Também recordo com nostálgica ternura nossas Universidades Populares, que tinham por missão capacitar pessoas adultas para uma série de funções úteis tanto em seu trabalho como na vida familiar.

Ali, enquanto os mais velhos praticavam idiomas, trabalhos manuais, cozinha ou o que fosse, as crianças, os adolescentes e os jovens aprendiam dança com a maior seriedade.

De um grupo dessas alunas surgiu meu primeiro conjunto de dança; cinco jovens das quais uma teve uma bem-sucedida atuação no Teatro Colón e outra é professora em um país vizinho, depois de ter desempenhado essa função por vários anos em nosso país.

As pessoas têm a necessidade e o desejo de saber, de entender, de julgar com conhecimento. É dever das instituições culturais satisfazer essa necessidade.

Existem para essa finalidade organizações, edifícios, empregados e uma moderada ação. Para desenvolver uma obra mais ampla, claro está, necessita-se de verbas, mas também é necessário organização.

A cultura em matéria de dança deve ser enfrentada por corpos de especialistas, pois, em que pese sua boa vontade, um leigo pode equivocar-se e atuar por simpatia, e um artista ou seu representante, em razão de suas convicções, podem pôr o acento no autoelogio ou na detração de um colega.

Nenhum artista se negará a cumprir essa função, mesmo de forma honorária durante um período de um ano, e se os integrantes desse corpo provêm de distintas tendências, ou, melhor ainda, é organizado por representantes de distintas instituições, eleitos por seus próprios colegas, tal como se selecionam os jurados de artes plásticas, evita-se o perigo de que a ação cultural caia nas mãos de grupos fechados ou de alguma academia comercial.

É fácil para um profissional da dança convencer o profano da falta de qualidade de um grande artista; mas, se esse mesmo profissional confrontar com iguais argumentos um grupo de colegas, será simplesmente tido como louco, cego ou mal-intencionado, e ficará só e envergonhado com suas mentiras.

Como o fizemos até hoje, de maneira desordenada e com o exclusivo esforço dos artistas, crescendo dolorosamente como os dentes e aprendendo a andar com quedas e tropeções, chegamos a formar uma dança argentina, de cujos representantes se abastecem os conjuntos estrangeiros.

O que não se poderia chegar a alcançar quando esses dançarinos e coreógrafos, que pouco ou nada podem fazer hoje em sua terra, obtivessem uma via para levar sua arte ao alcance de todos?

Uma única coisa, ainda que difícil, é imprescindível para consegui-lo: boa vontade.

BIBLIOGRAFIA

CHARBONEL, R. *La danse.* Paris: Editions Garnier Freres, s.d.

DOUBLER, M. H. *Dance, a creative art experience.* Nova York: F. S. Crofts and Company, 1940.

FREDERIC, L. *La danse sacrée.* Paris: Arts et Metiers Graphiques, 1957.

LAWSON, J. *European folk dance.* Londres: Sir Isaac Pitman and Sons, 1967.

LIFAR, S. *La danse.* Paris: Editions Denoël, 1938.

LOUIS, M. *Danses populaires et ballets d'opera.* Paris: G. P. Maisonneuve et Larose, 1965.

REYNA, F. *A concise history of ballet.* Londres: Thames and Hudson, 1965.

SACHS, K. *Historia universal de la danza.* Buenos Aires: Ediciones Centurión, 1944.

SALAZAR, A. *La danza y el ballet.* México: Fondo de Cultura Económica, 1955.

SORELL, W. *The dance through the ages.* Londres: Thames and Hudson, 1947.

TOGI, M.; GUNJI, M. *Performing arts of Japan.* Nova York-Tóquio: John Wetatherhill, e Kyoto, Tankosha, 1971.

TUGAL, P. *Initiation à la danse.* Paris: Les Editions du Grenier à Sel, 1947.

NOVAS BUSCAS EM EDUCAÇÃO
VOLUMES PUBLICADOS

1. *Linguagem total* – Francisco Gutiérrez
2. *O jogo dramático infantil* – Peter Slade
3. *Problemas da literatura infantil* – Cecília Meireles
4. *Diário de um educastrador* – Jules Celma
5. *Comunicação não verbal* – Flora Davis
6. *Mentiras que parecem verdades* – Umberto Eco e Marisa Bonazzi
7. *O imaginário no poder* – Jacqueline Held
8. *Piaget para principiantes* – Lauro de Oliveira Lima
9. *Quando eu voltar a ser criança* – Janusz Korczak
10. *O sadismo de nossa infância* – Fanny Abramovich (Org.)
11. *Gramática da fantasia* – Gianni Rodari
12. *Educação artística – Luxo ou necessidade* – Louis Porches
13. *O estranho mundo que se mostra às crianças* – Fanny Abramovich
14. *Os teledependentes* – M. Alfonso Erausquin, Luiz Matilla e Miguel Vásquez
15. *Dança, experiência de vida* – Maria Fux
16. *O mito da infância feliz* – Fanny Abramovich (Org.)
17. *Reflexões: a criança – O brinquedo – A educação* – Walter Benjamim
18. *A construção do homem segundo Piaget – Uma teoria da educação* – Lauro de Oliveira Lima
19. *A música e a criança* – Walter Howard
20. *Gestaltpedagogia* – Olaf-Axel Burow e Karlheinz Scherpp
21. *A deseducação sexual* – Marcello Bernardi
22. *Quem educa quem?* – Fanny Abramovich
23. *A afetividade do educador* – Max Marchand
24. *Ritos de passagem de nossa infância e adolescência* – Fanny Abramovich (Org.)
25. *A redenção do robô* – Herbert Read
26. *O professor que não ensina* – Guido de Almeida
27. *Educação de adultos em Cuba* – Raúl Ferrer Pérez

28. *O direito da criança ao respeito* – Dalmo de Abreu Dallari e Janusz Korczak

29. *O jogo e a criança* – Jean Chateau

30. *Expressão corporal na pré-escola* – Patricia Stokoe e Ruth Harf

31. *Estudos de psicopedagogia musical* – Violeta Hemsy de Gainza

32. *O desenvolvimento do raciocínio na era da eletrônica: os efeitos da TV, computadores e videogames* – Patrícia Marks Greenfield

33. *A educação pela dança* – Paulina Ossona

34. *Educação como práxis política* – Francisco Gutiérrez

35. *A violência na escola* – Claire Colombier e outros

36. *Linguagem do silêncio – Expressão corporal* – Claude Pujade-Renand

37. *O professor não duvida! Duvida!* – Fanny Abramovich

38. *Confinamento cultural, infância e leitura* – Edmir Perrotti

39. *A filosofia vai à escola* – Matthew Lipman

40. *De corpo e alma – O discurso da motricidade* – João Batista Freire

41. *A causa dos alunos* – Marguerite Gentzbittel

42. *Confrontos na sala de aula – Uma leitura institucional da relação professor-aluno* – Julio Groppa Aquino

www.gruposummus.com.br

IMPRESSO NA
sumago gráfica editorial ltda
rua itauna, 789   vila maria
02111-031   são paulo   sp
tel e fax 11 **2955 5636**
sumago@sumago.com.br

G R Á F I C A
sumago